具だくさんの
あったかスープ

80レシピ

管理栄養士
井上由香理 料理

成美堂出版

CONTENTS

004 スープで素材の栄養まるごといただきます！

005 洋風のスープ

- 006 ブイヤベース
- 008 ポトフ
- 010 ボルシチ
- 012 クラムチャウダー
- 014 グーラッシュ
- 015 豚肉と白いんげんのスープ
- 016 ミネストローネ
- 017 オニオングラタンスープ
- 018 ホタテとカリフラワーのスープ
- 019 キドニービーンズと野菜のスープ
- 020 緑の野菜たっぷりスープ
- 021 赤い野菜スープ
- 022 黄色い野菜たっぷりスープ
- 023 白い野菜のスープ
- 024 チキンときのこのクリームスープ
- 025 ラムと野菜のトマトシチュー
- 026 エビのビスク
- 027 コーンスープ
- 028 冷たいトマトスープ
- 029 ヴィシソワーズ

031 アジアンスープ

- 032 ユッケジャン
- 034 トムヤムクン
- 036 酸辛湯
- 038 くずし豆腐スープ
- 039 しましまなすとひき肉のピリ辛スープ
- 040 韓国風豆腐スープ
- 041 砂肝スープ
- 042 トマトとアサリ、もずくのスープ
- 043 豆もやしとザー菜のスープ
- 044 エビのココナッツスープ
- 045 コーンスープ
- 046 韓国風水餃子
- 047 せん切り長芋とささみのスープ
- 048 スープカレー
- 049 ヒヨコ豆と大きな肉団子のスープ
- 050 冬瓜と干し貝柱、鶏のスープ
- 051 れんこんの肉詰めスープ
- 052 鶏と焼きねぎのスープ
- 053 豆腐とエビの生のり入りスープ

055 和風のスープ

- 056 海鮮汁
- 058 イワシのつみれ汁
- 060 豚汁
- 062 鮭の粕汁
- 063 けんちん汁
- 064 のっぺい汁
- 065 納豆とモロヘイヤのねばねばスープ
- 066 焼きなすの赤だし
- 067 ブロッコリーと油揚げのごま風味
- 068 やま芋のふわ団子スープ
- 070 とろろ冷やし味噌汁
- 071 ごぼうと豆乳のポタージュ
- 072 たけのことハマグリのお吸い物
- 073 めかぶと湯葉のお吸い物
- 074 きゃべつと鶏団子のスープ
- 075 れんこんと絹さやのしゃきしゃきスープ
- 076 セロリと豚肉のスープ
- 077 タラときのこのスープ

081 スープでごはん

- **082 しっかりおかずスープ**
  ロールキャベツ
- 084 ロールビーフの
  ブラウンシチュー
- 086 ビーフストロガノフ
- 088 鶏肉の赤ワイン煮
- 090 夏野菜の煮込みスープ
- 091 鮭とアサリのスープ
- 092 スペアリブのシュークルート
- 093 ミックス豆と
  チョリソーの煮込み
- 094 豆腐とエビのレンジ蒸しスープ
- **096 ワンディッシュ・スープ**
  キムチスープうどん
- 098 ひき肉トマトスープパスタ
- 100 ぶつ切り鶏とビーフン煮
- 102 そばがきのみぞれ汁
- 104 揚げそばの五目あんかけ
- 105 ラビオリ風ワンタンスープ
- 106 玄米もちととろろ昆布の
  味噌雑煮
- 107 カニと生のりの
  あんかけごはんスープ

- **108 朝のクイックスープ**
  クリームコーンとにんじんの
  スープ
- 109 かぼちゃと落とし卵のスープ
- 110 シジミとわかめ、
  しいたけのスープ
- 111 クレソンとアサリの味噌汁、
  しょうが風味
- 112 おくらとなすのスープ
- 113 カニかまと寒天入りわかめスープ
  もちチーズコンソメ
- 114 ホワイトアスパラコーンスープ
  シーフードトマトスープ
- **116 気になる症状別スープ**
  ダイエット中の栄養補給に・
  豚肉とにらのスープ
- 118 肌あれが気になったら・
  手羽先とかぼちゃのスープ、
  大根と絹さやの豆乳スープ
- 120 頭の回転をよくする・
  サバと春菊のスープ
- 121 アンチ・エイジングに・
  大豆と里芋、昆布のスープ
- 122 疲れがたまったときに・
  ごぼうと豚肉、きのこのスープ

- 125 素材別さくいん

- 030 ①洋風のスープをおいしくするコツ
- 054 ②アジアンスープをおいしくするコツ
- 078 ③和風のスープをおいしくするコツ
- 080 ④毎日の味噌スープバリエーション
- 115 ⑤朝のスープは1日の元気の素！
- 123 ⑥野菜たっぷりスープで生活習慣病を予防しましょう
- 124 ⑦スープはダイエットの味方

この本の使い方
◆材料の表記は基本的に2人分ですが、メニューのテーマによっては1人分で表記しているものがあります。
◆計量の単位は大さじ1＝15ml、小さじ1＝5ml、1カップ＝200mlです。
◆表示したエネルギー量は1人分です。
◆材料に表記の「ブイヨン」は肉と香味野菜を煮込んだスープストックのこと。市販のスープの素で代用できます。また、30ページのひき肉で作るブイヨンを参照してください。

スープで素材の栄養まるごといただきます！

スープがあるとほっとする。
スープを飲むと心がぽかぽかあったまる。
スープは寒い日のごちそう。
疲れたからだをいやす、愛情たっぷりのやさしい手料理。

素材のうまみも栄養も、鍋の中で一体になって
体の中をじんわりとあたため、
ゆっくりと隅々にまで力を運んでくれる気がする。
野菜が足りない現代人には、スープはだんぜんおすすめの料理。

洋風、和風、アジアンなどなど、
好みに合わせて選べるように、メニューをめいっぱい掲載！
季節や気分に合わせて楽しんで！

洋風のスープ

洋風のスープ ブイヤベース

海のおいしさをぎゅっと濃縮、ごちそうスープ
ブイヤベース

326 kcal

材料（4〜5人分）

スープ
- 魚アラ ————— 約1kg
- セロリ ————— 1/4本
- にんじん ———— 1/4本
- 玉ねぎ ————— 1/4個
- にんにく ———— 2かけ
- トマト ————— 1個
- オリーブ油 ——— 大さじ3
- ペルノー(なければ白ワイン) ————— 1/3カップ
- ローリエ ———— 1枚
- タイム ————— 3本
- パセリの軸 ——— 1本
- 水 ——————— 6カップ
- 塩 ——————— 小さじ1

具
- 魚(イサキなど) —— 1尾
- ムール貝 ———— 6個
- アナゴ(おろしたもの) — 1尾
- エビ(有頭) ——— 5尾
- サフラン ———— 2つまみ
- 塩 ——————— 適量
- こしょう ———— 少々

healthy point

魚介たっぷりのブイヤベースには、魚特有の脂肪分であるEPAやDHAが豊富に含まれているため、動脈硬化などの生活習慣病の予防に効果的。また、エビに含まれるタウリンにも血液中のコレステロールを下げる作用や、血圧の上昇を抑える働きがあります。

作り方

1 スープを作る。魚のアラは4〜5cmのぶつ切りにして塩をふってざるに上げておく。セロリ、にんじん、玉ねぎはスライスする。にんにくはつぶす。

2 大きな鍋を火にかけ、オリーブ油でセロリ、にんじん、玉ねぎ、にんにくを透き通ってしんなりするまでよく炒める。

3 そこにさっと洗った魚のアラを加えて魚が崩れるくらいまで、15分程度炒める。

4 ざく切りにしたトマトとペルノーを加えて鍋についたうまみをこそげ取るようにして落とし、水を加える。沸騰したらあくを取り、ローリエ、タイム、パセリの軸を加え、弱めの中火にして40〜50分煮てだしを取る。煮詰まるようなら途中で水を足す。

5 4をざるに取り、だしの具材をすりこぎなどでつぶすようにしてしっかりこす。

6 具を準備する。魚はうろこ、内臓とえらを取り、きれいにしておく。ムール貝は糸状のものを引き抜き、殻をこすって汚れを取る。アナゴは4〜5cm長さのぶつ切りに、エビは殻の間から背わたを取り、ひげと足をはさみで切る。

7 5を浅めの鍋に戻して火にかけ、サフラン、塩、こしょうで味をつける。

8 魚を加えて汁をかけながら5分ほど煮て、ムール貝、アナゴ、エビを加える。

9 貝の口が開いたら最後に味をととのえる。

魚介のスープのとり方

1 香味野菜と魚のアラをオリーブ油で15分程度炒める。

2 トマトとペルノー、水、ローリエ、タイム、パセリの軸を加えて40〜50分煮る。

3 2をざるに取り、すりこぎで具材をつぶすようにしてしっかりとだしをとるようにこす。

香味野菜と肉のうまみのあったかスープ
ポトフ

465 kcal

材料 (2人分)

牛すね肉(塊)	300g
ミニにんじん	6本
セロリ	1/2本
玉ねぎ	1個
かぶ	1個
じゃが芋	2個
トマト	1個
塩	適量
こしょう	少々
水	5カップ
ブーケガルニ	適量
フレンチマスタード、粗塩	好みで

作り方

1 牛すね肉は2〜3等分に切って塩小さじ1/2、こしょうをすり込み、30分ほどおいて水とともに鍋に入れて火にかける。沸騰したらあくを取り、弱火にしてブーケガルニを加えて30分ほど煮る。

2 にんじん、じゃが芋は皮をむき、セロリは筋を取ってぶつ切りに、玉ねぎ、かぶは半分に切る。

3 鍋に2の野菜を入れて牛肉がやわらかくなるまで煮る。途中、煮えた野菜は取り出しておく。

4 肉に串がすっと通るくらいやわらかくなったら、取り出した野菜、皮を湯向きしたトマトを加え、塩、こしょうで味をととのえる。

5 器に盛り、好みでマスタード、粗塩を添える。

healthy point

良質なたんぱく質を豊富に含む牛肉は、肉のなかでは鉄分がもっとも多いため、貧血の予防におすすめです。じっくり煮込んでやわらかく食べやすいので、子どもからお年寄りまでおすすめのスープです。

洋風の スープ　　ポトフ

洋風の スープ　　ボルシチ

ウクライナのおふくろの味
ボルシチ

364 kcal

材料（2人分）

牛すね肉(塊)	200g
ビーツ	1個
にんじん	1/2本
玉ねぎ	1/2本
トマト	1個
きゃべつ	2枚
オリーブ油	大さじ1
水	5カップ
塩、こしょう	各少々
サワークリーム	適量

作り方

1 牛すね肉は2～3等分に切って水とともに鍋に入れ、火にかける。沸騰したらあくを取り、弱火にして肉がやわらかくなるまで、50分ほど煮て一口大に切る（ゆで汁はとっておく）。

2 ビーツは皮をむかず、丸のままでゆでる。（今回は半分使用、なければ缶詰で）皮をむいていちょう切りにする。

3 にんじんは太めのせん切りに、玉ねぎは横半分に切ってせん切りに、トマト、きゃべつはざく切りにする。

4 鍋にオリーブ油を熱し、にんじん、玉ねぎ、トマトの順に炒める。

5 4に1のゆで汁3カップと牛肉を加える。沸騰したらあくを取り、弱火にして15分ほど煮る。

6 きゃべつ、ビーツを加え、塩、こしょうをして、5分ほど煮て器に盛り、サワークリームを添える。

クロス類で雰囲気作り

ウクライナの家庭の雰囲気を意識して、こんな花柄やピンク系のクロス類を使ってみませんか。ふだんはちょっと派手かなと思う色でも、不思議とマッチしてしまうのです。雰囲気作りでさらに料理もおいしく感じますよ。

healthy point

赤かぶに似たビーツは、煮込むとほのかな甘みがあります。甘さの正体は、オリゴ糖。オリゴ糖は腸内の善玉菌を増やしておなかの調子をととのえてくれます。

とろりとした口当たりにうまみたっぷり
クラムチャウダー

375 kcal

材料 (2人分)

ハマグリ	250g
玉ねぎ	1/2個
じゃが芋	1個
にんじん	1/2本
マッシュルーム	4個
白ワイン	大さじ3
バター	大さじ1
小麦粉	大さじ1強
ブイヨン	1 1/2カップ
牛乳	1/2カップ
生クリーム	1/4カップ
塩、こしょう	各少々
パセリのみじん切り	少々
クラッカー	適量

作り方

1 ハマグリは砂出しして殻をこすって汚れを取る。玉ねぎ、じゃが芋、にんじんは1cm大の角切りにする。マッシュルームは4〜5mm厚さに切る。

2 鍋にハマグリ、白ワインを入れてふたをして火にかけ、口が開いたら火を止めて、身を取り出し、煮汁につけておく。（煮汁には砂が残っていることがあるので、注意する。）

3 再び鍋を火にかけ、バターを溶かし、玉ねぎ、にんじんを入れて玉ねぎが透き通るまで炒める。

4 小麦粉をふり入れて粉っぽさがなくなるまで炒めたら、マッシュルーム、じゃが芋を加えて焦がさないように炒める。

5 ブイヨンを注ぎ、鍋底についた小麦粉をこすり取り、とろりとルー状になったら、弱めの中火にして野菜の中まで火を通す。

6 ハマグリと煮汁、牛乳、生クリームを加え、塩、こしょうで味をととのえ、器に盛り、パセリを散らす。クラッカーを添える。

1 ハマグリは、白ワインで蒸し、口を開かせておく。

2 殻を使って身をこそげ取るようにすると、貝柱までかんたんにはずせる。

healthy point

貝類に多く含まれるタウリンには、体内のコレステロールを下げる働きがあるといわれています。動脈硬化などの生活習慣病の予防に、貝類はおすすめの食材です。

洋風の **スープ** 　　クラムチャウダー

ハンガリーの定番具だくさんシチュー
グーラッシュ

456 kcal

材料（2〜3人分）

- 牛肉(シチュー用角切り) — 300g
- 塩、こしょう — 各少々
- 小麦粉 — 大さじ1/2
- 玉ねぎ — 1/2個
- にんにく — 1かけ
- トマト — 1個
- バター — 大さじ1 1/2
- 赤ワイン — 2/3カップ
- パプリカパウダー — 大さじ2
- キャラウェイシード(あれば) — 小さじ1
- ブイヨン — 3カップ
- にんじん — 1/2本
- パプリカ — 1/2個
- じゃが芋 — 2個
- 塩 — 小さじ1/4
- こしょう — 少々

作り方

1 玉ねぎ、にんにくはみじん切りにする。牛肉には塩、こしょう、小麦粉をまぶしておく。

2 厚手の鍋を温め、バターの半量を溶かし、牛肉を焼く。すぐに動かさず、各面をキツネ色に焼いて取り出す。

3 2に残りのバターを加えてキャラウェイシード、にんにくを炒め、香りがしてきたら玉ねぎも加えて透き通るまでじっくり炒める。

4 牛肉を戻して赤ワインを注ぎ、鍋底のうまみをヘラでこそげ、パプリカパウダーの半量、ざく切りのトマト、ブイヨンを加える。弱火にしてふたをし、時々混ぜながら20分ほど煮る。

5 4mm厚さの輪切りにしたにんじん、2cm角のパプリカ、4〜6等分にしたじゃが芋を加え、火が通り、煮汁がとろりとするまで再び20分ほど煮る。

6 塩、こしょう、残りのパプリカパウダーを加えて味をととのえ、器に盛る。

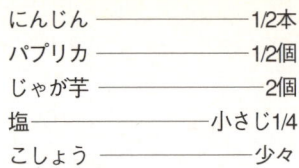

良質なたんぱく質が豊富な牛肉に赤ワインのポリフェノールで風味だけでなく健康効果もプラス。ポリフェノールは抗酸化効果が高く、若々しさを応援します。

洋風の スープ　グーラッシュ 豚肉と白いんげんのスープ

healthy point

いんげん豆には、たんぱく質、炭水化物の他に、カルシウムなどのミネラル類や食物繊維も豊富に含まれています。満腹感もあるので、ダイエットにもむいている食材です。

材料 (2人分)

- 豚バラ肉(固まり) —— 200g
- 塩 —— 小さじ1/2
- こしょう —— 少々
- タイム —— 2本
- 白いんげん —— 100g
- 玉ねぎ —— 1/2個
- にんにく —— 1かけ
- オリーブ油 —— 大さじ1/2
- ブイヨン —— 3カップ
- ローリエ —— 1枚
- セージ —— 少々

作り方

1 豚バラ肉は1cm厚さに切り、塩、こしょう、タイムをこすりつけて半日から一晩冷蔵庫に置く。白いんげんはたっぷりかぶるくらいの水を入れて戻す。

2 白いんげんを水ごと鍋に入れ、火にかける。沸騰したら弱火にして、やわらかくなるまで煮る。

3 別の鍋につぶしたにんにく、オリーブ油を入れて火にかける。玉ねぎのみじん切りを加えて炒め、透き通ってきたらブイヨン、豚肉、ローリエも加える。沸騰したらあくを取り、火を弱めて20分ほど煮る。

4 3に汁を切った白いんげんを加え、10分ほど煮て、塩、こしょうで味をととのえ、セージをのせる。

いんげん豆のやさしい甘さが魅力

豚肉と白いんげんのスープ

619 kcal

healthy point

野菜たっぷりのミネストローネは、ビタミン、ミネラルが豊富にとれる栄養スープ。風邪をひいてしまったとき、あったかいミネストローネで体の芯から温まり、ビタミンも補給しましょう。

材料（2人分）

玉ねぎ	1/2個
にんじん	1/2本
セロリ	1/4本
じゃが芋	1個
ズッキーニ	1/2本
ベーコン	2枚
トマト缶	1/3缶
マカロニ	30g
イタリアンハーブミックス	少々
塩	小さじ1/3
こしょう	少々
オリーブ油	大さじ1/2
ブイヨン	3カップ

作り方

1 玉ねぎ、じゃが芋は1.5cmの角切りに、にんじん、セロリ、ズッキーニはいちょう切りに、ベーコンは短冊切りにする。

2 鍋にオリーブ油を熱し、玉ねぎ、にんじん、セロリを透き通るまで炒める。ベーコン、じゃが芋、ズッキーニ、トマト缶を加えて全体を混ぜたらブイヨンを加える。

3 沸騰したら火を弱めてマカロニを加え、イタリアンハーブミックス、塩、こしょうをする。

4 15分ほど煮て野菜に火が通り、マカロニがやわらかくなったら器に盛る。

こっくりとした栄養たっぷりスープ
ミネストローネ

282 kcal

洋風のスープ ミネストローネ オニオングラタンスープ

オニオングラタンスープ

真冬のごちそうは熱々スープ

305 kcal

材料 (2人分)

- 玉ねぎ——————2個
- バター——————大さじ1 1/2
- ブイヨン—————3カップ
- バゲット—————4〜5cm
- にんにく—————1/2かけ
- グリエールチーズ——40g
- 塩、こしょう————各少々

作り方

1 鍋にバターを溶かし、薄切りにした玉ねぎを炒める。はじめは中火で、かさが減って色づき始めたら弱火にしてじっくりと30分ほどかけて濃いキツネ色になるまで炒める。

2 1にブイヨンを加えて鍋底のうまみをこそげ取り、沸騰したらあくを取って塩、こしょうで味をつける。

3 バゲットは5mm厚さに切り、にんにくをこすりつける。これを8枚作る。チーズはおろす。

4 深めの耐熱容器2つに**2**のスープを半量流し、バゲットを2枚ずつ並べ、チーズの半量を散らす。

5 残りのスープを注ぎ、バゲットを並べ、チーズを散らして予熱しておいたオーブントースターかグリルに入れて、表面に焦げ目がつくまで焼く。

6 取り出してこしょうをふる。

healthy point

オニオングラタンスープは真冬に食べたい熱々スープの代表格。体を温めて、血行を良くすることは、実は健康を保つ上でとても重要なポイント。血液の流れを良くし、体のすみずみに大切な栄養素を運ぶ応援をします。

牛乳で全体をまろやかに

ホタテとカリフラワーのスープ

186 kcal

材料 (2人分)

ホタテ貝柱	3個
塩、こしょう	各少々
小麦粉	小さじ1
カリフラワー	1/4個
ブナピー(白いしめじ)	1/2パック
長ねぎのみじんぎり	10cm分
バター	小さじ2
白ワイン	大さじ2
ブイヨン	2カップ
牛乳	1カップ
スナップえんどう	2本

作り方

1 ホタテは一口大に切り、塩、こしょう、小麦粉をふりかける。
2 鍋にバターを溶かし、ホタテを焦がさないように炒める。白ワインをふりかけてアルコール分をとばしたら一度取り出す。
3 2の鍋に小房に切ったカリフラワーと石づきを取ったブナピー、長ねぎ、ブイヨンを加え、カリフラワーがやわらかくなるまで煮る。
4 牛乳を加え、沸騰しないように注意して温めたらホタテを鍋に戻し、筋を取ったスナップえんどうも加え、塩、こしょうで味をととのえて器に盛る。

healthy point

ホタテは高たんぱくで低カロリー、しかもホタテに含まれるタウリンには、コレステロール値を下げたり、血圧を下げる働きがあります。ホタテはおいしいだけでなく、健康食材としても優れているのです。

洋風の スープ
ホタテとカリフラワーのスープ
キドニービーンズと野菜のスープ

healthy point

肉を入れないスープだけど、食べごたえは充分。キドニービーンズには植物性たんぱく質も多く含まれているので、栄養バランスもOK。辛さはチリパウダーで調節してください。

材料（2人分）

キドニービーンズ缶	小1缶
玉ねぎ	1/2個
にんじん	1/2本
ズッキーニ	1/2本
にんにく	1かけ
オリーブ油	大さじ1
ブイヨン	3カップ
チリパウダー	大さじ2
ケチャップ	大さじ2
塩	小さじ1/4
こしょう	少々

作り方

1 玉ねぎ、にんにくはみじん切りに、にんじんは3mm厚さに、ズッキーニは5mm厚さのいちょう切りにする。
2 鍋にオリーブ油とにんにくを入れて火にかける。香りがしてきたら玉ねぎ、にんじん、ズッキーニを加える。
3 玉ねぎが透き通ってしんなりしてきたらブイヨンを注ぎ、キドニービーンズ、チリパウダー、ケチャップを加えて15分ほど煮る。
4 とろりとしてきたら塩、こしょうで味をととのえ、器に盛る。

淡白になりがちな豆もチリパウダーでホットに

キドニービーンズと野菜のスープ

233 kcal

healthy point

ブロッコリーやアスパラ、グリーンピースはビタミンCとカロテンがたっぷり。さらに、小松菜にはカルシウムが豊富に含まれています。ビタミンCもカロテンも抗酸化作用の高い栄養成分。若々しさを応援します。

材料 (2人分)

ブロッコリー──────1/4株
グリーンアスパラ────2本
グリーンピース──────8さや
小松菜──────────3株
ベーコン──────────2枚
オリーブ油──────大さじ1/2
ブイヨン──────────3カップ
塩、こしょう────────各少々

作り方

1 ブロッコリーは小房に分ける。グリーンアスパラは3〜4cm長さに切る。グリーンピースはさやから出す。小松菜は2cm幅に切る。ベーコンは短冊切りにする。
2 鍋にオリーブ油を熱し、ベーコンを炒める。油が出てきたらブロッコリー、グリーンアスパラ、グリーンピース、小松菜を加えて炒める。
3 色が鮮やかに変わったらブイヨンを加える。3分ほど煮て野菜がやわらかくなったら塩、こしょうで味をととのえ、火を止め、器に盛る。

ブイヨンベースでさっぱり味

緑の野菜たっぷりスープ

189 kcal

洋風の スープ

まっ赤な野菜で生き生き、ヘルシー！
赤い野菜スープ

332 kcal

材料（2人分）

- にんじん ——— 1/2本
- パプリカ ——— 1/2個
- 玉ねぎ ——— 1/4個
- トマト缶 ——— 1/3缶
- 肉団子
  - 合いびき肉 ——— 150g
  - 卵 ——— 1/2個
  - パセリのみじん切り ——— 小さじ1
  - 塩、こしょう ——— 各少々
- 小麦粉 ——— 大さじ1/2
- オリーブ油 ——— 大さじ1
- ドライトマト ——— 3枚
- オレガノ(ドライ) ——— 小さじ1/2
- ケチャップ ——— 大さじ1
- ブイヨン ——— 3カップ
- 塩、こしょう ——— 各少々

作り方

1 にんじんは半月かいちょうに切り、パプリカ、玉ねぎは小さめの一口大に切る。
2 肉団子の材料をよく混ぜ、3cmくらいに丸め、小麦粉をふる。
3 鍋にオリーブ油を熱し、2の肉団子の表面をキツネ色に焼き、取り出す。
4 1の野菜を鍋に入れてしんなりするくらい炒め、トマト缶とブイヨンを注ぐ。
5 オレガノとケチャップを加えて、弱めの中火で5分ほど煮る。
6 3の肉団子、水で戻して刻んだドライトマトを加え、塩、こしょうで味をつけ、再び5分ほど煮て器に盛る。

healthy point

トマトの赤い色素であるリコピンには、活性酸素を除去し、過酸化脂質の生成を抑える働きがあります。また、にんじんのカロテンは、皮膚や粘膜の健康を保ってくれます。若々しさを保つためにおすすめのスープです。

つぶつぶコーンの食感が楽しい
黄色い野菜たっぷりスープ

187 kcal

材料 (2人分)

かぼちゃ ──────── 100g
とうもろこし ──────── 1本
玉ねぎ ──────── 1/4本
バター ──────── 大さじ1
ブイヨン ──────── 3カップ
塩、こしょう ──────── 各少々

作り方

1 かぼちゃは皮をところどころむいて一口大に、とうもろこしは実を包丁でそぎ取る。玉ねぎはみじん切りにする。
2 鍋にバターを熱し、玉ねぎを透き通るまで炒めたら、かぼちゃととうもろこしも加える。
3 ブイヨンを加えてかぼちゃが崩れるくらいまで煮たら、塩、こしょうで味をととのえ、器に盛る。

healthy point

かぼちゃには若返りビタミンともいわれるビタミンEが豊富。また、カロテンも含まれ、抵抗力を高めてくれます。また、とうもろこしは食物繊維が豊富です。便秘の解消にも効果的です。

洋風の スープ　黄色い野菜たっぷりスープ
白い野菜のスープ

材料 (2人分)

カリフラワー	100g
じゃが芋	1個
玉ねぎ	1/4個
マッシュルーム	4個
バター	大さじ1
ブイヨン	3カップ
塩、こしょう	各少々
生クリーム	大さじ3

作り方

1 カリフラワーは小房に、じゃが芋は5mm厚さに、玉ねぎ、マッシュルームは薄切りにする。
2 鍋にバターを熱し、玉ねぎ、マッシュルーム、じゃが芋、カリフラワーの順に炒める。
3 ブイヨンを注ぎ、野菜がやわらかくなるまで煮る。
4 塩、こしょう、生クリームで味をととのえ、器に盛る。

healthy point

ビタミンCは熱に弱い栄養素ですが、じゃが芋はでんぷんで守られているので、加熱してもビタミンCの損失が少ないのです。カリフラワーもビタミンCが多く含まれているので、美肌のためのスープともいえます。

生クリームでまろやか仕上げ
白い野菜のスープ

231 kcal

healthy point

きのこ類は食物繊維が豊富でとても低カロリー。ダイエット中の料理のおたすけ食材です。食物繊維が便通をよくし、おなかもすっきり。鶏胸肉も脂肪分が少ないのでダイエット向きの食材といえます。

材料 (2人分)

- 鶏胸肉 ———— 1/2枚
- 塩、こしょう ———— 各少々
- 小麦粉 ———— 大さじ1/2
- 玉ねぎ ———— 1/4個
- 生しいたけ ———— 2枚
- しめじ ———— 1/2パック
- 白菜 ———— 1枚
- バター ———— 大さじ1
- 白ワイン ———— 大さじ2
- ブイヨン ———— 2 1/2カップ
- 生クリーム ———— 大さじ3

作り方

1 鶏肉は一口大のそぎ切りにして塩、こしょう、小麦粉をまぶしておく。玉ねぎ、石づきを取った生しいたけはスライスし、しめじは石づきを取って小房に分け、白菜は1cm幅に切る。

2 鍋にバターを熱し、鶏肉を焦がさないように焼く。そこへ玉ねぎを加えて透き通るまで炒めたら生しいたけ、しめじ、白菜を加えて炒める。

3 白ワインを加え、アルコール分をとばし、ブイヨンを注ぐ。塩、こしょうをして5分ほど煮、野菜がしんなりしたら、火を止めて器に盛り、生クリームをかける。

やわらかな白菜がアクセント
チキンときのこのクリームスープ

311 kcal

洋風のスープ

クミンの香りがラムの風味とマッチ

ラムと野菜のトマトシチュー

416 kcal

材料(2人分)

- ラム肉(塊) ———— 300g
- 塩、こしょう ———— 各少々
- 小麦粉 ———— 大さじ1/2
- 玉ねぎ ———— 1/2個
- にんじん ———— 1/2本
- セロリ ———— 1/2本
- トマト ———— 1個
- ピーマン ———— 2個
- にんにく ———— 1かけ
- クミンパウダー ———— 小さじ1
- オリーブ油 ———— 大さじ1
- ブイヨン ———— 4カップ

作り方

1　ラム肉は一口大に切り、塩、こしょう、小麦粉をふる。玉ねぎは薄切りに、にんじん、セロリ、トマトはざく切りにし、ピーマンはヘタと種を取って4等分にする。にんにくはみじん切りにする。

2　鍋にオリーブ油を熱し、ラム肉を焼く。表面がキツネ色になったら取り出し、にんにく、玉ねぎを炒める。

3　にんじん、セロリ、トマト、ブイヨンを加え、ラム肉を戻す。沸騰したらあくを取り、クミンパウダーを加え、中火にしてふたをして15分煮る。

4　ピーマンを加えて再び15分ほど煮る。塩、こしょうで味をととのえ、器に盛る。

healthy point

生後1年以内の羊の肉をラムといい、それ以上をマトンといいます。ラムは、マトンに比べて独特の臭いが少なく、やわらかいのが特徴。脂肪も少なく、鉄分、ビタミンB群、不飽和脂肪酸が多く含まれたヘルシーな肉です。

濃厚なエビのうまみをめしあがれ

エビのビスク

407 kcal

材料（2人分）

甘エビ	200g
玉ねぎ	1/4個
トマト	1個
バター	大さじ1
トマトピューレ	大さじ2
白ワイン	大さじ3
ブイヨン	2 1/2カップ
生クリーム	大さじ3
塩、こしょう	各少々
パセリのみじん切り	少々

作り方

1 甘エビは目の部分と背わたを取り除く。玉ねぎはみじん切り、トマトはざく切りにする。

2 鍋にバターを熱し、甘エビを加え、色が変わって香ばしい香りがするくらいまで、焦がさないように炒める。

3 玉ねぎを加えて炒めたら、トマト、トマトピューレも加え、水分をとばすように炒める。

4 白ワインをふりかけ、鍋底についたうまみをこそげ取り、エビの頭をつぶすように炒めたらブイヨンを加える。

5 沸騰したらあくを取り、15分ほど煮る。

6 やけどに注意してミキサーにかけ、ざるでこして鍋に戻す。

7 塩、こしょう、生クリームで味をととのえ、器に盛ってパセリを散らす。

healthy point

エビのうまみ成分ベタインは、体内で糖の吸収を遅らせる働きがあるといわれています。そのため、エビは糖尿病の人にもおすすめのヘルシー食材。また、タウリンも含んでいるので動脈硬化の予防にも効果的。

洋風の スープ　エビのビスク　コーンポタージュ

healthy point

とうもろこしには糖質が多く、ビタミンB1も含まれているので、疲労回復に効果的。そして食物繊維が豊富なので、便秘の解消にもおすすめです。

材料（2〜3人分）

とうもろこし	1本
玉ねぎ	1/4個
バター	大さじ1
ブイヨン	1 1/2カップ
牛乳	1カップ
塩、こしょう	各少々
生クリーム	大さじ2

作り方

1　とうもろこしは実を包丁でそぎ取る。玉ねぎはみじん切りにする。
2　鍋にバターを熱し、玉ねぎを透き通るまで炒めたら、とうもろこしを加えてさらに炒める。
3　ブイヨンを加え、5分ほど中火で煮る。
4　やけどしないよう注意して、ミキサーにかけて滑らかにしたら鍋に戻し、再び火にかけて牛乳を加え、塩、こしょう、生クリームで仕上げる。

心もほっとする定番スープ
コーンポタージュ

268 kcal

healthy point

トマトの赤い色素リコピンは、活性酸素を抑制する抗酸化力の高い成分。加熱しないからビタミンCの損失も少なく、美肌のためにもおすすめ。冷たく冷やして夏に味わいたいスープです。

トマトジュースベースだからかんたん！

冷たい トマトスープ

96 kcal

材料 (2人分)

完熟トマト	1個
きゅうり	1/3本
セロリ	1/4本
紫玉ねぎ	1/10個
塩	小さじ1/4
こしょう	少々
オリーブ油	大さじ1/2
トマトジュース	2カップ
オリーブ油	適量

作り方

1 完熟トマト、きゅうり、セロリは5mm角に切る。紫玉ねぎはみじん切りにする。トマトジュースは冷やしておく。

2 1をボウルに入れて塩、こしょう、オリーブ油で漬けて冷やしておく。

3 器にトマトジュースを半分注ぎ、2を真ん中に漬け汁ごと盛りつけ、オリーブ油少々を回しかける。

洋風のスープ　冷たいトマトスープ／ヴィシソワーズ

サーモンをのせて味のアクセントに
ヴィシソワーズ

298 kcal

材料（2人分）
- じゃが芋————1個
- 玉ねぎ————1/4個
- マッシュルーム————4個
- バター————大さじ1
- ブイヨン————1 1/2カップ
- 牛乳————1カップ
- 生クリーム————大さじ3
- 塩、こしょう————各少々
- スモークサーモン————4枚
- チャービル————少々

作り方
1. じゃが芋はいちょう切りに、玉ねぎ、マッシュルームは薄切りにする。
2. 鍋にバターを熱し、玉ねぎを透き通るまで炒める。マッシュルーム、じゃが芋を加え、色が変わるまで炒めたらブイヨンを加え、中火でやわらかくなるまで煮る。
3. やけどしないように注意してミキサーにかけて滑らかにし、ボウルに移して牛乳を加え、氷水に当てながら冷やし、塩、こしょう、生クリームで味をととのえ、冷蔵庫で冷やす。
4. 器に盛り、上にスモークサーモンのせてチャービルを飾る。

healthy point
ビタミンCたっぷりのじゃが芋に、EPA、DHAが豊富な鮭の組み合わせ。抗酸化力の高い栄養素同士の組み合わせだから、体内から若々しさを応援してくれるスープです。

COLUMN 1

洋風のスープを
おいしくするコツ

洋風スープの味の決め手はなんといってもブイヨン。
家庭でできる簡単ブイヨンや、
市販のスープの素を使っておいしいベースを作りましょう。

◆◆ 本格ブイヨンを
ひき肉で手軽にとろう!

香味野菜と肉のうまみがぎゅっと詰まったブイヨンを、家庭で手軽に作りたい。そんなときにおすすめなのが、ひき肉で作るブイヨン。ひき肉だからうまみがでやすく、しかも価格も手頃。透明なきれいなブイヨンがとれますよ。

1. 材料は、鶏ひき肉400ｇ、ローリエ1枚、パセリの軸1本分、タイム2枝。
2. ひき肉を適当な大きさに丸めて水1.5リットルと残りの材料とともに鍋に入れて火にかけます。
3. 沸騰したら弱火にしてあくをていねいに取りましょう。にごりのない、きれいなスープに仕上げるコツです。
4. 約30～40分煮込んだらこし器でこしてできあがりです。

 市販のスープの素をかしこく活用

時間のないときは、市販されているスープの素を使うとラク。ビーフやチキンなど、肉に合わせて使い分けることもでき、固形タイプ、顆粒タイプとさまざま。ただし、市販のものは塩分の強いものも多いので、塩加減は味を見て調節しましょう。また、表示の分量より、少し控えめに使うと素材のうまみも生きてよりまろやかな味わいになります。

 ハーブ類で香りをプラス

本格的なスープに仕上げるコツは、味に奥行きを出すこと。それには、ハーブなどの香りの強い素材をプラスするのも手。バジルやタイム、ローズマリーなど、少量入れると風味に幅が出て、レストランの味にぐっと近づきます。

※掲載の商品は変更する可能性があります。

アジアンスープ

アジアンスープ　ユッケジャン

韓国のピリ辛具だくさんスープ
ユッケジャン

473 kcal

材料（2人分）

牛すね肉（塊）	200g
しょうがの皮	1かけ分
水	5カップ
大根	4cm
玉ねぎ	1/4個
豆もやし	50g
ぜんまい水煮	50g
小松菜	1株
韓国春雨（なければふつうの春雨）	50g
卵	2個
ごま油	大さじ1/2
おろしにんにく	1かけ分
おろししょうが	1かけ分
コチュジャン	大さじ1
塩、こしょう	各少々
しょうゆ	小さじ1

作り方

1 牛すね肉は4～5cm角に切り、しょうがの皮、水とともに火にかける。沸騰したらあくを取って弱火にし、串がすっと通るくらいまで、約50分煮る。冷めたら肉を一口大に切る（ゆで汁はとっておく）。

2 大根は3～4mm厚さの短冊切りに、玉ねぎは5mm厚さのくし形に切る。

3 鍋にごま油を熱し、**1**の牛肉を炒める。大根、玉ねぎを加えて全体に油がまわるまで炒めたらおろしにんにく、おろししょうが、コチュジャンを加えて混ぜる。

4 コチュジャンがきれいな赤に変わったら肉のゆで汁3カップを加え、沸騰したらあくを取る。豆もやし、ぜんまいを加え、弱火にして10分ほど煮る。食べやすい長さに切った韓国春雨を加え、塩、こしょう、しょうゆで味をととのえる。

5 最後に3cm長さに切った小松菜を加え、卵を落として、ふたをして1～2分、卵が好みの硬さになったら火を止めて器に盛る。

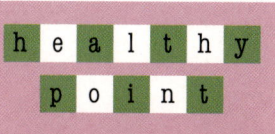

healthy point

牛肉のすねの部分は、筋が多くて硬いのですが、この筋にコラーゲンやエラスチンなどのたんぱく質が多く含まれています。じっくり煮込むとやわらかくなって食べやすくなるので、すね肉は煮込み料理によく使われます。

テーブルウエアで雰囲気作り

韓国料理らしさをもっと味わうなら、こんなテーブルウエアがおすすめ。スプーンや箸を変えるだけでも、雰囲気がぐっと本格的に。

タイの定番ホットスープ
トムヤムクン

110 kcal

材料 (2人分)

エビ	6尾
セロリ	1/2本
なす	1本
水	3カップ
トムヤムクンの素	大さじ1 1/2〜2
レモン汁	小さじ1
しょうがの薄切り	2枚
香菜	1株

作り方

1 エビは殻と背わたを取る。セロリと皮をむいたなすは食べやすく一口大に切る。
2 鍋に水としょうが、香菜の根を入れて火にかける。
3 沸騰したらエビ、セロリ、なすを加える。
4 2〜3分煮たらトムヤムクンの素を加えて味をととのえ、最後にレモン汁を加えて火を止める。器に盛って刻んだ香菜を散らす。
※トムヤムクンの素はペーストや粉末などいろいろあります。今回はペーストを使用しました。それぞれの使用量を目安に使ってください。

healthy point

エビに含まれるうまみ成分、ベタインには、体内で糖の吸収を遅らせる働きがあるといわれています。また、タウリンには血液中のコレステロール値を下げる働きがあり、動脈硬化の予防や高血圧の改善が期待できます。

コーヒーも
アジア風に

ベトナムやタイでは、グラスの上にちょこんとのせるアルミのストレーナーでコーヒーを入れます。アジアンスープのあとにはこんな演出も楽しいもの。

アジアン スープ　　トムヤムクン

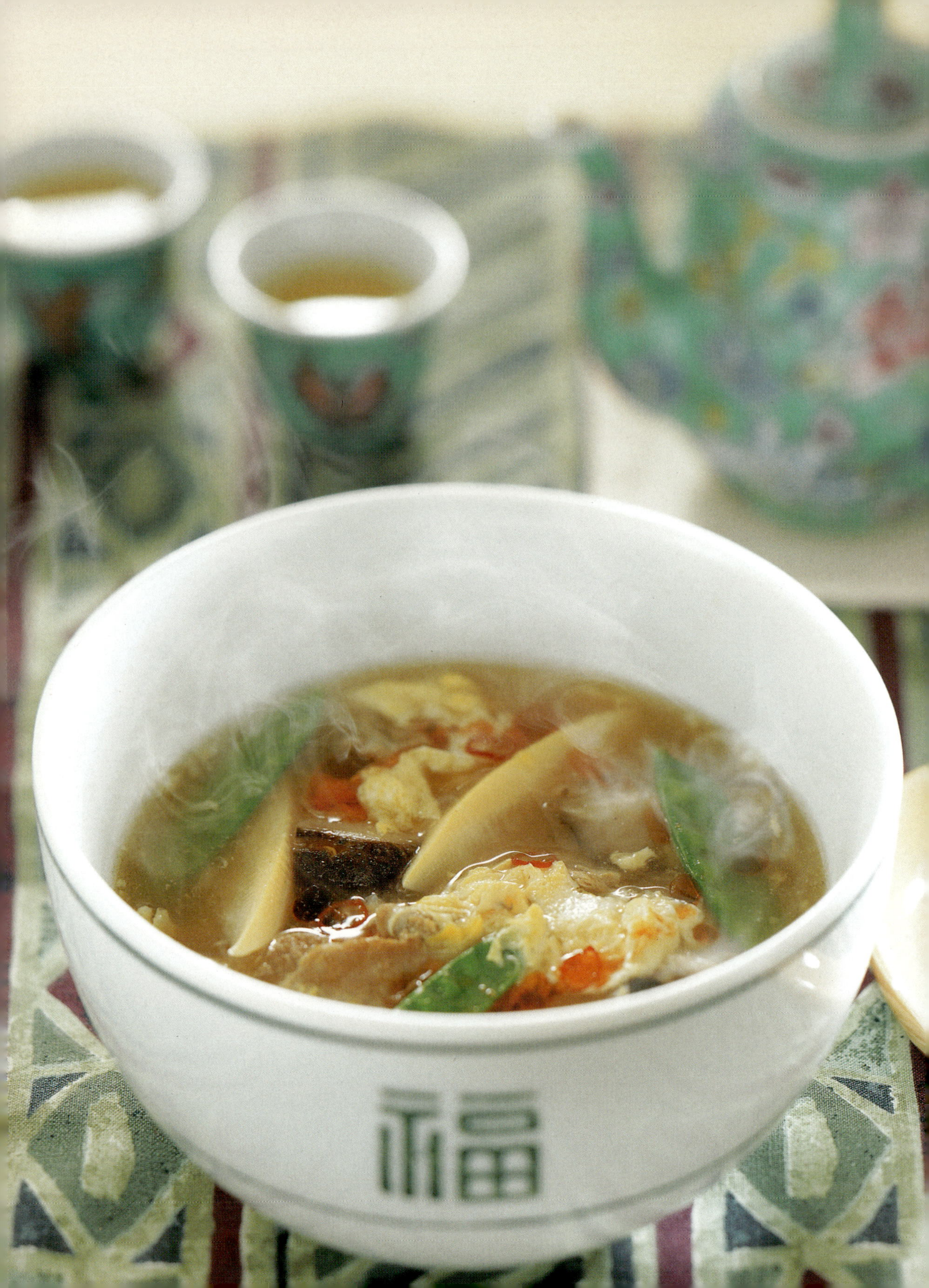
福

アジアン スープ　　酸辛湯

酸味と辛味ですっきり

酸辛湯(サンラータン)

205 kcal

材料 (2人分)

- 豚肉(切り落とし)――― 100g
- 干ししいたけ ――― 2枚
- ゆでたけのこ ――― 1/4個
- 絹さや ――― 10枚
- 卵 ――― 1個
- ごま油 ――― 小さじ1
- 鶏ガラスープ ――― 3カップ
- 酒 ――― 大さじ1/2
- 塩 ――― 小さじ1/3
- こしょう ――― 少々
- 唐辛子の輪切り ――― 少々
- 片栗粉 ――― 小さじ1
- しょうゆ ――― 小さじ1/2
- 黒酢 ――― 大さじ1
- ラー油 ――― 適量

作り方

1 干ししいたけは水につけて戻し(戻し汁はとっておく)、石づきを取ってそぎ切りにする。たけのこは薄くスライスする。

2 鍋にごま油を熱し、唐辛子、豚肉を炒める。色が変わったらしいたけ、たけのこを入れて炒め、鶏ガラスープ、しいたけの戻し汁を加える。

3 沸騰したらあくを取り、酒、塩、こしょうを加える。

4 2～3分煮て材料に火が通り、味がなじんだら水溶き片栗粉でとろみをつける。

5 筋を取った絹さやを加えて溶き卵をまわし入れ、全体を大きくかき混ぜる。

6 しょうゆと黒酢を加え、火を止める。器に盛って好みでラー油をかける。

healthy point

お酢に含まれるクエン酸には、疲労物質である乳酸を分解して疲れを回復させる働きがあります。疲れがたまっているなと思ったら、酸っぱいスープでさっぱりおいしく疲労回復を。

小道具も
アジアンテイストで

中華料理に欠かせない酢やラー油などを、こんなセットで用意してはいかが？家庭の中華料理でもテーブルウエア類で本格的な雰囲気を楽しめます。

healthy point

豆腐に含まれる成分、大豆サポニンには、動脈硬化や高血圧を予防する働きがあります。さらに、肝臓の細胞を再生させる働きや、同じく豆腐に含まれるレシチンには肝臓に脂肪がたまるのを防ぐ働きもある注目の成分です。

豆腐の甘みが際立つまろやかスープ

くずし豆腐スープ

125 kcal

材料 (2人分)

絹豆腐	1/2丁
ハム	2枚
えのきだけ	1/2パック
枝豆(冷凍)	5さや
鶏ガラスープ	3カップ
塩	小さじ1/3
こしょう	少々
片栗粉	小さじ1

作り方

1 ハムはみじん切りに、えのきだけは石づきを取って半分に切る。枝豆は解凍し、さやから出しておく。

2 鍋に鶏ガラスープを入れて火にかけ、えのきだけ、絹豆腐を手でくずすように入れる。

3 スープが沸いてきたらハム、塩、こしょうを加え、水溶き片栗粉でとろみをつけ、枝豆を加えて火を止め、器に盛る。

アジアンスープ / くずし豆腐スープ / しましまなすとひき肉のピリ辛スープ

夏野菜の甘みがアクセント

しましまなすと
ひき肉のピリ辛スープ

234 kcal

材料 (2人分)

- なす ———————— 1本
- きゅうり ———————— 1/2本
- 豚ひき肉 ———————— 150g
- 長ねぎのみじん切り —— 大さじ1
- しょうがのみじん切り
  ———————— 大さじ1/2
- 豆板醤 ———————— 小さじ1/3
- サラダ油 ———————— 小さじ1
- 鶏ガラスープ ———————— 3カップ
- 塩 ———————— 小さじ1/4
- こしょう ———————— 少々
- しょうゆ ———————— 小さじ1/2
- 白すりごま ———————— 小さじ1

作り方

1. なすはしまになるように皮をむき、一口大の乱切りに。きゅうりは皮をむいて乱切りにする。
2. 鍋にサラダ油を熱し、長ねぎ、しょうがを炒め、香りがしたらひき肉を加えてパラパラになるまで炒める。
3. なすときゅうりを加えて炒め、色が変わって油がまわったら豆板醤を加えて炒める。
4. 鶏ガラスープを加え、沸騰したらあくを取って塩、こしょう、しょうゆを加え、味をととのえる。
5. 器に盛り、白すりごまをかける。

healthy point

なすときゅうりはカリウムが豊富。利尿作用がある成分で、むくみなどの予防になります。また、なすの色素、ナスニンは、コレステロール値を下げたり、動脈硬化の予防効果が期待できます。

辛味と豆腐の甘みがマッチ
韓国風豆腐スープ

239 kcal

材料(2人分)

牛ひき肉	100g
アサリ	50g
おぼろ豆腐(または絹豆腐)	200g
にんにく	1かけ
しょうが	1かけ
長ねぎ	1/2本
ごま油	小さじ1
鶏ガラスープ	3カップ
コチュジャン	大さじ1
しょうゆ	小さじ1
塩、こしょう	各少々

作り方

1 アサリは砂出しし、殻をこすって汚れを落とす。にんにくとしょうがはすりおろす。
2 鍋にごま油を熱して牛ひき肉をぽろぽろになるまで炒める。
3 にんにくとしょうが、コチュジャンを加えて炒め、香りがしてきたら鶏ガラスープを注ぎ、アサリを加える。
4 アサリの口が開いたら豆腐をスプーンですくい入れ、あくを取り、長ねぎのぶつ切りを加え、しょうゆ、塩、こしょうで味をととのえる。

healthy point

アサリには鉄分とビタミンB12が豊富に含まれています。このため、貧血の予防にはおすすめの食材。豆腐、牛肉など、たんぱく質も豊富なヘルシースープです。

| アジアンスープ | 韓国風豆腐スープ 砂肝スープ |

材料（2人分）

砂肝	200g
大根	5cm
しめじ	1/2パック
鶏ガラスープ	4カップ
酒	1/3カップ
ごま油	小さじ1
塩、こしょう	各少々
しょうがのせん切り	1/2かけ分

作り方

1 砂肝は硬い筋を取り、食べやすく切る。熱湯でさっとゆでて水洗いし、ざるに上げる。

2 鍋にごま油を熱して砂肝を炒める。乱切りの大根を加えて炒めたら鶏ガラスープ、酒を注ぐ。沸騰したらあくを取って弱火にし、30分ほど、やわらかくなるまで煮る。

3 しめじは石づきを取って小房に分け、2に加えて塩、こしょうで味をつけ、5分ほど煮たら器に盛ってしょうがを散らす。

healthy point

砂肝は鶏の胃袋の筋肉部分。脂肪がほとんどないのでカロリーが気になる人にはおすすめです。コリコリとした歯ごたえが特徴で、焼き鳥でも人気。

しょうがの風味ですっきりいただく
砂肝スープ

196 kcal

healthy point

トマトの色素リコピンは、生活習慣病の原因ともなる活性酸素を取り除く、抗酸化力のある成分。スープに入れれば、トマトの酸味が味のアクセントになります。

トマトのほのかな酸味がさわやか

トマトとアサリ、もずくのスープ

42 kcal

材料（2人分）

トマト	1/2個
アサリ	200g
もずく	30g
鶏ガラスープ	3カップ
塩、こしょう	各少々
長ねぎのみじん切り	5cm分
しょうがのみじん切り	1/2かけ分

作り方

1 アサリは砂出しし、殻をこすり合わせて汚れを取り、鶏ガラスープとともに鍋に入れて火にかける。

2 沸騰してアサリの殻が開いたらあくを取り、ざく切りにしたトマトを加える。

3 塩、こしょうで味をととのえ、水洗いしたもずくを加えて、火を止める。

4 器に長ねぎとしょうがの半量をいれて**3**を注ぎ、残りの長ねぎとしょうがを上から散らす。

アジアン スープ
トマトとアサリ、もずくのスープ
豆もやしとザー菜のスープ

ザー菜と干しエビのうまみが美味

豆もやしと
ザー菜のスープ

65 kcal

材料（2人分）

豆もやし	100g
大根	4cm
ザー菜	4枚
干しエビ	大さじ1
鶏ガラスープ	3カップ
酒	大さじ1/2
塩、こしょう	各少々

作り方

1 大根は4〜5mm厚さの短冊に、ザー菜はせん切りに、干しエビはかぶるくらいの水で戻しておく。

2 大根、豆もやし、戻した干しエビと戻し汁、鶏ガラスープを鍋に入れて火にかける。

3 沸騰したらあくを取り、大根がやわらかくなるまで15分ほど弱火で煮る。

4 大根がやわらかくなったらザー菜、酒、塩、こしょうで味をととのえ、器に盛る。

healthy point

もやしにはでんぷんの消化を助けて胃腸の働きをととのえる酵素、アミラーゼが含まれています。大根にも同様に消化酵素であるジアスターゼがあり、胃腸にいいスープといえます。

甘い風味のタイ風スープ

エビのココナッツスープ

● 91 kcal

材料（2人分）

エビ ―――――― 6尾
フクロダケ缶 ――― 6個
玉ねぎ ―――――― 1/4個
鶏ガラスープ ――― 2カップ
ココナッツミルク ― 1/2カップ
ナンプラー ――― 大さじ2/3
こしょう ―――――― 少々
バジルの葉 ――――― 5枚

作り方

1 エビは殻と背わたを取り、縦半分に切る。フクロダケも半分に切り、玉ねぎは5mm厚さにスライスする。
2 鍋に鶏ガラスープ、ココナッツミルクを入れて火にかけ、沸騰したら玉ねぎを加えてやわらかくなるまで煮る。
3 フクロダケとエビを加えて、ナンプラーとこしょうで味をととのえる。
4 ちぎったバジルを加えて火を止め、器に盛る。

healthy point

ココナッツミルクには意外にも鉄分が含まれています。エビはご存知のようにタウリンが豊富。血液中のコレステロール値を下げ、動脈硬化の予防が期待できます。

アジアン スープ　エビのココナッツスープ／コーンスープ

healthy point

とうもろこしは糖質が豊富でエネルギーに効率よく変わってくれます。さらに、食物繊維たっぷりだから、便秘がちなときにおすすめです。

材料（2人分）

クリームコーン缶	小1缶（190g）
卵	1個
トウミョウ	1/3パック
鶏ガラスープ	3カップ
塩	小さじ1/4
こしょう	少々
片栗粉	小さじ1

作り方

1　鍋に鶏ガラスープ、クリームコーンを入れて火にかける。沸騰してきたら塩、こしょうで味をととのえ、根を切って半分に切ったトウミョウを加える。

2　水溶き片栗粉でとろみをつけ、溶き卵をまわし入れる。火を止めて器に盛る。

コーンと卵でまろやか味
コーンスープ

148 kcal

healthy point

キムチには乳酸菌が含まれているのでおなかの調子をととのえてくれます。さらに辛味の成分カプサイシンは、血行をよくしてくれます。

材料 (2人分)

餃子
- 豚ひき肉 ──── 100g
- 白菜キムチ ──── 50g
- 餃子の皮 ──── 10枚

スープ
- 玉ねぎ ──── 1/4個
- にんじん ──── 1/4本
- 生しいたけ ──── 2枚
- トック（韓国もち）──── 100g
- 青ねぎ ──── 1本分
- ごま油 ──── 小さじ1
- 鶏ガラスープ ──── 4カップ
- 塩 ──── 小さじ1/3
- こしょう ──── 少々

作り方

1 白菜キムチはみじん切りにして豚ひき肉とよく練り混ぜる。餃子の皮でぴったりと包む。
2 玉ねぎ、にんじん、しいたけは食べやすく切る。
3 鍋にごま油を熱し、玉ねぎ、にんじん、しいたけを炒める。全体に油がまわったら鶏ガラスープを注ぐ。
4 沸騰したらトック、塩、こしょうを加え、10分ほど弱火で煮る。
5 餃子を加えて3〜4分ほど煮て、小口切りの青ねぎを散らし、火を止めて器に盛る。

ピリ辛キムチ餃子が美味

韓国風水餃子

380 kcal

アジアン スープ　韓国風水餃子／せん切り長芋とささみのスープ

とろっとした口当たりのやさしい味わい
せん切り長芋とささみのスープ

83 kcal

材料（2人分）
- 長芋 —— 4cm
- 鶏ささみ —— 1本
- 片栗粉 —— 小さじ1/2
- なめこ —— 1/2パック
- 貝割れ菜 —— 1/2パック
- 鶏ガラスープ —— 3カップ
- 酒 —— 大さじ1/2
- 塩 —— 小さじ1/4
- こしょう —— 少々

作り方
1. 長芋は3〜4mmのせん切りにする。ささみも筋を取ってせん切りにし、塩、こしょう各少々（分量外）、片栗粉で下味をつける。
2. 鍋に鶏ガラスープを入れて火にかける。沸騰したらささみ、長芋、なめこを加える。
3. 酒、塩、こしょうで味をつけ、ささみに火が通ったら根を取った貝割れ菜を加えてすぐに火を止める。

healthy point
長芋にはでんぷんを消化する酵素が含まれています。また、ねばりの成分であるムチンが胃腸を守ってくれるので、おなかの調子をととのえてくれます。

野菜のまろやかな甘みが際立つ

スープカレー

601 kcal

材料（2人分）

- 鶏もも肉（骨付き） ———— 2本
- 玉ねぎ ———————— 1個
- じゃが芋 ——————— 2個
- にんじん、ズッキーニ —— 各1本
- ヤングコーン —————— 4本
- トマト ———————— 1個
- にんにくのみじん切り ——— 2かけ分
- しょうがのみじん切り ——— 1かけ分
- クミンシード、オレガノ（ドライ） —— 各小さじ1/2
- オリーブ油 ————— 大さじ2
- ブイヨン ————— 4カップ
- 塩 ——————— 小さじ1/2
- カレー粉 ———— 大さじ2〜3

作り方

1. 玉ねぎの半分はみじん切りに、残りは大きめのくし型に切る。じゃが芋とにんじんは半分くらいに切る。ズッキーニも一口大に切る。鶏肉は関節から切り分け、塩の半量をすり込む。
2. 厚手の鍋にオリーブ油大さじ1を熱し、鶏肉を皮側から焼く。キツネ色になったら取り出す。そこへクミンシード、にんにく、しょうがを入れて香りが出るまで炒めたら、みじん切りの玉ねぎを加えて、しんなりとするまで炒める。
3. カレー粉をふり入れ軽く炒めたら鶏肉を戻し、ブイヨンを注ぐ。沸騰したらあくを取って、オレガノを加え弱火で煮込む。
4. フライパンにオリーブ油大さじ1を熱して残りの玉ねぎ、にんじん、ズッキーニを炒め、3に加える。
5. 20〜30分煮たところでじゃが芋、ヤングコーンを加え、じゃが芋が煮えたらざく切りのトマトと残りの塩を加え、5分ほど煮る。
6. トマトがくずれるくらいになったら塩で（分量外）味をととのえる。

※辛いのが好きなら唐辛子やレッドペッパーの粉末などを加える。

healthy point

ビタミン豊富な野菜たっぷりのスープカレー。野菜の栄養もまるごととれ、スパイシーな風味が食欲も誘います。

| アジアン スープ | スープカレー ヒヨコ豆と大きな肉団子のスープ |

材料 (2人分)

肉団子
- 合いびき肉 ———— 150g
- 卵 ———— 1/2個
- 玉ねぎのみじん切り — 1/4個分
- 塩、こしょう ———— 各少々

ヒヨコ豆(ドライ缶)— 小1缶 (120gくらい)
玉ねぎの薄切り ———— 3/4個分
おくら ———— 4本
にんにくのみじん切り ———— 1かけ分
トマト ———— 1個
唐辛子 ———— 1本
オリーブ油 ———— 大さじ1
ブイヨン ———— 2 1/2カップ
塩、クミンパウダー ———— 各小さじ1/3
こしょう ———— 少々

作り方

1　合びき肉をボウルに入れて卵と塩、こしょうを加えてよく練り混ぜる。ねばりが出たら玉ねぎのみじん切りを加える。

2　手に薄くオリーブ油(分量外)をつけ、1を半分に分けて空気を抜くようにして小判型にする。

3　フライパンを中火で温め、オリーブ油の半量で2を焼く。表面に焼き色がついたら取り出す。

4　残りのオリーブ油を加えて、にんにくと玉ねぎの薄切りをしんなりとするまで炒める。そこへざく切りのトマトとブイヨンを加え、沸騰したらあくを取る。

5　ヒヨコ豆、種を取って輪切りにした唐辛子、塩、クミンパウダー、こしょうを加えて10分ほど弱めの中火でふたをして煮る。

6　ガクをむいたおくらと3の肉団子を戻し、5分ほど煮て塩で味をととのえる。

healthy point

ヒヨコ豆はインド料理でよく使われます。ほんのりとした甘みは、カレーとの相性がよく、栄養も豊富。たんぱく質、脂質、炭水化物と三大栄養素がしっかり含まれています。

417 kcal

ボリューム満点、スープハンバーグ

ヒヨコ豆と大きな肉団子のスープ

healthy point

ウリ科の冬瓜は、きゅうりと同様カリウムが豊富。利尿作用があり、むくみなどの解消に効果的といわれています。

材料（2人分）

冬瓜	300g
骨付き鶏もも肉（ぶつ切り）	300g
干し貝柱	2個
干ししいたけ	2枚
鶏ガラスープ	3カップ
酒	1/3カップ
塩	小さじ1/3
こしょう	少々
クコの実	少々

作り方

1 干し貝柱、干ししいたけはそれぞれかぶるくらいの水につけて戻す。冬瓜は皮とワタを取り、4cm角に切る。
2 鍋に鶏ガラスープ、酒、冬瓜、干し貝柱、そぎ切りにしたしいたけ、鶏肉、1の戻し汁を入れて火にかける。
3 沸騰したらあくを取って弱火にして、冬瓜がやわらかくなるまで20分ほど煮る。
4 塩とこしょうで味をととのえ、器に盛り、クコの実を散らす。

風味素材をぜいたくに使ったうまみたっぷりスープ

冬瓜と干し貝柱、鶏のスープ

279 kcal

アジアン スープ

冬瓜と干し貝柱、鶏のスープ
れんこんの肉詰めスープ

ほくほくの食感が楽しい
れんこんの肉詰めスープ

171 kcal

材料（2人分）

- れんこん ──── 4cm
- 肉だね
  - 鶏ひき肉 ──── 100g
  - 卵 ──── 大さじ1
  - おろししょうが ──── 小さじ1
  - 長ねぎのみじん切り ──── 大さじ2
  - 塩、こしょう ──── 各少々
- 片栗粉 ──── 少々
- サラダ油 ──── 小さじ1
- 鶏ガラスープ ──── 3 1/2カップ
- きくらげ ──── 1g
- チンゲン菜 ──── 1/2株
- 塩 ──── 小さじ1/3
- こしょう ──── 少々

healthy point

れんこんには、ポリフェノールのひとつであるタンニンが含まれています。抗酸化作用があるので、活性酸素の除去などに効果が期待できます。

作り方

1. れんこんは1cm幅の半月に切って水につける。
2. 鶏ひき肉は卵、おろししょうがとともにボウルに入れてよく練り、長ねぎ、塩、こしょうも加える。
3. れんこんの水気を取り、片面に片栗粉を薄くふりかけ、2の肉だねをつけて表面を滑らかにととのえる。
4. 肉の表面にも片栗粉を薄くつけ、フライパンにサラダ油を熱して表面をキツネ色に焼く。
5. 鍋に鶏ガラスープを入れて火にかけ、4を加える。沸騰したらあくを取り、弱火にして15〜20分れんこんがやわらかくなるまで煮る。
6. きくらげは戻して石づきを取り、チンゲン菜は食べやすく切る。
7. 鍋にきくらげ、チンゲン菜を加え、塩、こしょうで味をととのえて器に盛る。

焼きねぎの風味が食欲を誘う
鶏と焼きねぎのスープ

189 kcal

材料（2人分）

鶏もも肉 ———————1/2枚
酒 ——————————小さじ1
長ねぎ ————————1本
ごま油 ————————小さじ1
鶏ガラスープ —————3カップ
塩 ——————————小さじ1/3
こしょう ———————少々

作り方

1 長ねぎは3cm長さのぶつ切りに、鶏肉は一口大のそぎ切りにして塩、こしょう少々（分量外）、酒で下味をつける。
2 鍋にごま油を熱し、長ねぎをキツネ色になるくらい焼いて香りを出し、鶏ガラスープを注ぐ。
3 沸騰したら鶏肉を加える。あくを取って中火にし、鶏肉に火が通ったら塩、こしょうで味をととのえる。

healthy point

長ねぎの特徴である香りの成分は硫化アリル。体内のビタミンB_1の働きをたすけて疲労を回復させる作用があるといわれています。

| アジアン スープ | 鶏と焼きねぎのスープ
豆腐とエビの生のり入りスープ |

healthy point

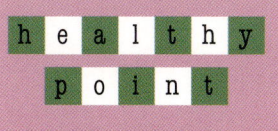

豆腐に含まれる糖質には、オリゴ糖が含まれています。オリゴ糖は腸の中でビフィズス菌を増やす働きがあるため、おなかの調子をととのえるのに、おすすめの食材です。

材料(2人分)

- 木綿豆腐 ── 1/4丁
- エビ ── 4尾
- 生のり ── 大さじ1 1/2
- 鶏ガラスープ ── 2 1/2カップ
- 塩 ── 小さじ1/4
- こしょう ── 少々

作り方

1 豆腐は軽く水切りして4mm幅の棒状に切る。エビは殻と背わたを取り、たて半分に切る。
2 鍋に鶏ガラスープを沸かし、塩、こしょうで味をつける。
3 1を加え、エビに火が通ったら最後に生のりを加えて火を止め、器に盛る。

生のりの香りがポイント
豆腐とエビの生のり入りスープ

85 kcal

COLUMN 2

アジアンスープを おいしくするコツ

中国、韓国、タイ、ベトナムなど、
アジアの料理にはそれぞれ特有の調味料やスパイスが活躍します。
アジアンスープを楽しむなら、
そんなアジアン調味料を使いこなすことがポイントです。

中華風

中華スープのだしは鶏ガラが基本。使いやすい鶏ガラスープの素は必需品です。他にも風味豊かな貝柱やアクセントの黒酢もおすすめ。

鶏のうまみをぎゅっと濃縮したスープの素。顆粒タイプが使いやすくて便利です。

ホタテの貝柱のうまみたっぷりのスープの素。海鮮スープなど、ひと味違う中華スープにおすすめ。

健康にもいいと人気の黒酢。ふつうのお酢でももちろんOKですが、仕上げにさっとかけるなら黒酢にしてみては。

韓国風

ピリ辛のイメージが強い韓国料理。でも辛さの中に複雑なうまみがあるからこそ、独特のおいしさが出るのです。

韓国料理といえばおなじみのコチュジャン。米、麹、唐辛子、砂糖を発酵させて作る甘辛い味噌です。

キムチチゲは韓国料理の代表のひとつ。キムチの素を常備しておくとキムチがなくても簡単に作れます。

タイ＆ベトナム

スパイシーで香りも強いイメージのタイとベトナム料理。独特の調味料も豊富です。まずはナンプラーからそろえてみては。

タイカレーでもよく使われるココナッツミルクはアジアンテイストに欠かせません。独特な味のトムヤムクンは市販の素が使いやすく便利。

ナンプラーとニョクマムは、どちらも小魚の塩漬けを発酵させて作る魚醤。独特の風味はクセになるかも。

スープでよく使われる香菜やレモングラスは、生が手に入らないときもあります。そんなときはドライが手軽です。

※掲載の商品は変更する可能性があります。

和風のスープ

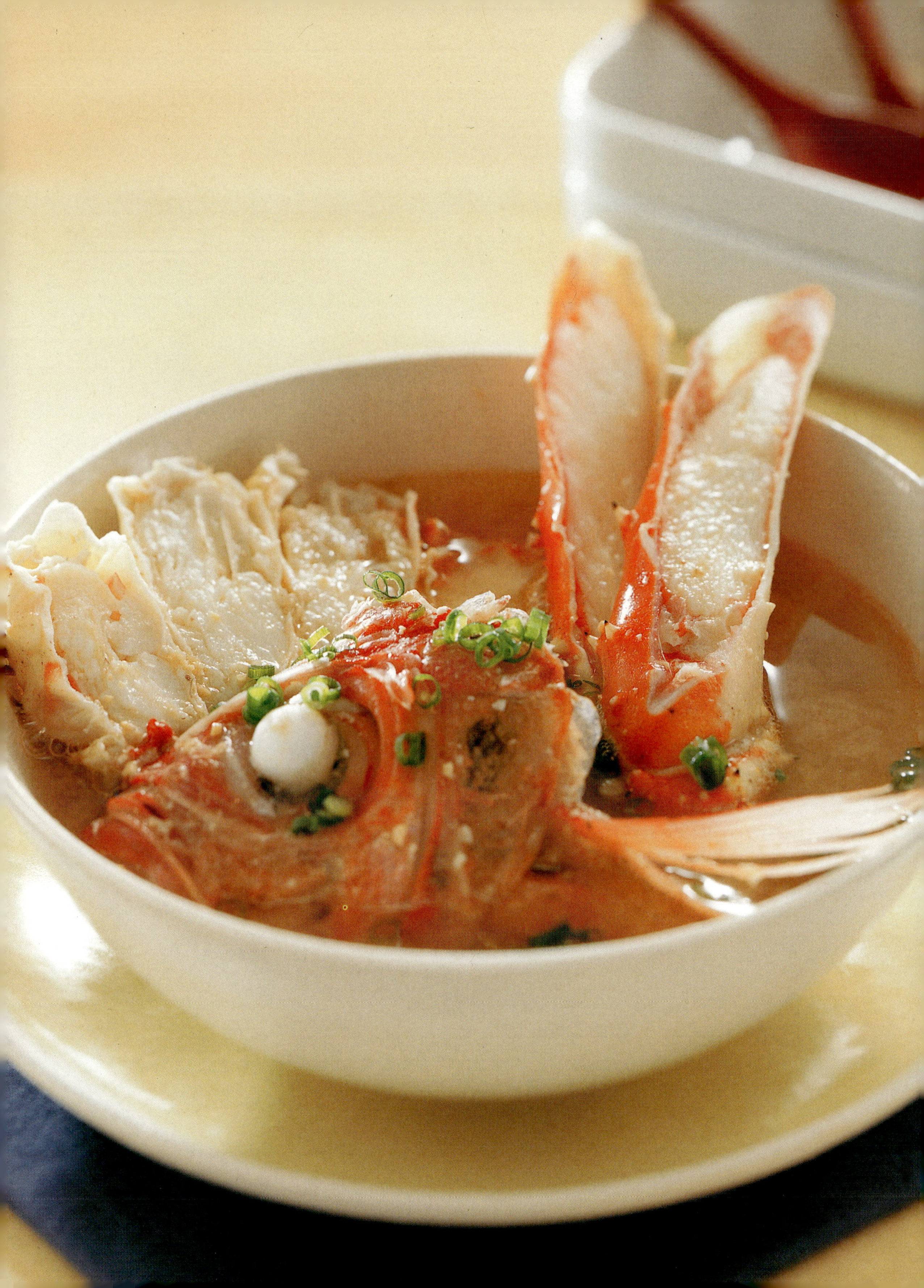

和風のスープ　海鮮汁

魚介のだしが決めて
海鮮汁

234 kcal

材料（2人分）

金目鯛	1/2尾
カニ	1/2尾
だし汁	3カップ
酒	大さじ1
味噌	大さじ1
万能ねぎ	1/2本

作り方

1 金目鯛は頭と中骨の血合いをきれいに洗ってぶつ切りに、身の部分も食べやすく切る。カニも食べやすく切る。

2 鍋にだし汁を入れて火にかけ、沸騰したら頭、骨、酒を加えあくを取って、10分ほど煮る。ダシが出てきたらカニと魚の身を加え、味噌で味をととのえ、器に盛る。万能ねぎの小口切りを散らす。

かわいいボールで味噌スープ

味噌汁といえばお椀だけど、味噌スープなら思い思いの器で楽しみたいもの。陶器のボウルなら、テーブルがぐっとカジュアルに。

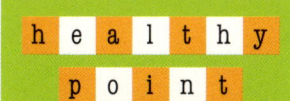

healthy point

金目鯛には白身魚にはめずらしく、鉄分が豊富。さらにカニは低カロリーでもたんぱく質が豊富。亜鉛も含まれているので、ダイエットで陥りがちな亜鉛不足も補えます。うまみたっぷりで栄養も豊富、低カロリーなスープです。

磯の風味もごちそう

イワシのつみれ汁

275 kcal

材料 (2〜3人分)

イワシ ──── 3〜4尾(正味200g)
おろししょうが ──── 1かけ分
長ねぎのみじん切り ──── 10cm分
味噌 ──── 大さじ1/2
片栗粉 ──── 大さじ1
ごぼう ──── 20cm
しめじ ──── 1/2パック
せり ──── 1/2束
だし汁 ──── 3カップ
しょうゆ ──── 小さじ2
酒 ──── 大さじ1
塩 ──── 少々
白髪ねぎ ──── 適量
七味 ──── 適量(好みで)

作り方

1 つみれを作る。イワシは内臓と頭を取って流水できれいに洗い、水気をふき取って、手開きにして骨を取る。

2 スプーンを使って身を皮からかき取り、すり鉢に入れる。

3 粘りが出るまですりつぶし、しょうが、長ねぎ、味噌、片栗粉を加える。

4 ごぼうはささがきにして水につけ、あくを取る。しめじは石づきを取って小房に分ける。

5 鍋にだし汁、ごぼうを入れて火にかける。沸騰したらしめじを加え、しょうゆと酒を加える。

6 そこに3をスプーンですくいながら加える。3〜4分ほど煮て中まで火を通し、塩で味をととのえる。最後に5cm長さに切ったせりを加えて色が変る程度に火を通す。器に盛って白髪ねぎをのせ、好みで七味をふる。

つみれの作り方

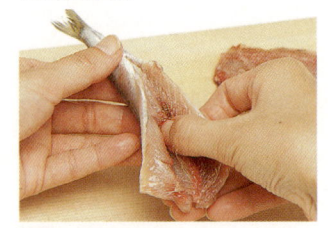

1 内臓と頭を取り、水でよく洗ってから背骨に沿って指で身と骨を離すようにする。

2 スプーンで身をかき取る。力を入れすぎると皮がやぶれてしまうので注意する。

3 すり鉢で粘りが出てくるまですりつぶし、おろししょうが、長ねぎのみじん切り、味噌、片栗粉を加えて混ぜる。

4 スプーンで丸めて、汁に入れて火を通す。

healthy point

イワシには、EPAとDHAという脂肪分が豊富。動脈硬化や高血圧などの生活習慣病の予防に効果的といわれている成分です。おいしく食べて、生活習慣病を予防しましょう!

和風の スープ　　イワシのつみれ汁

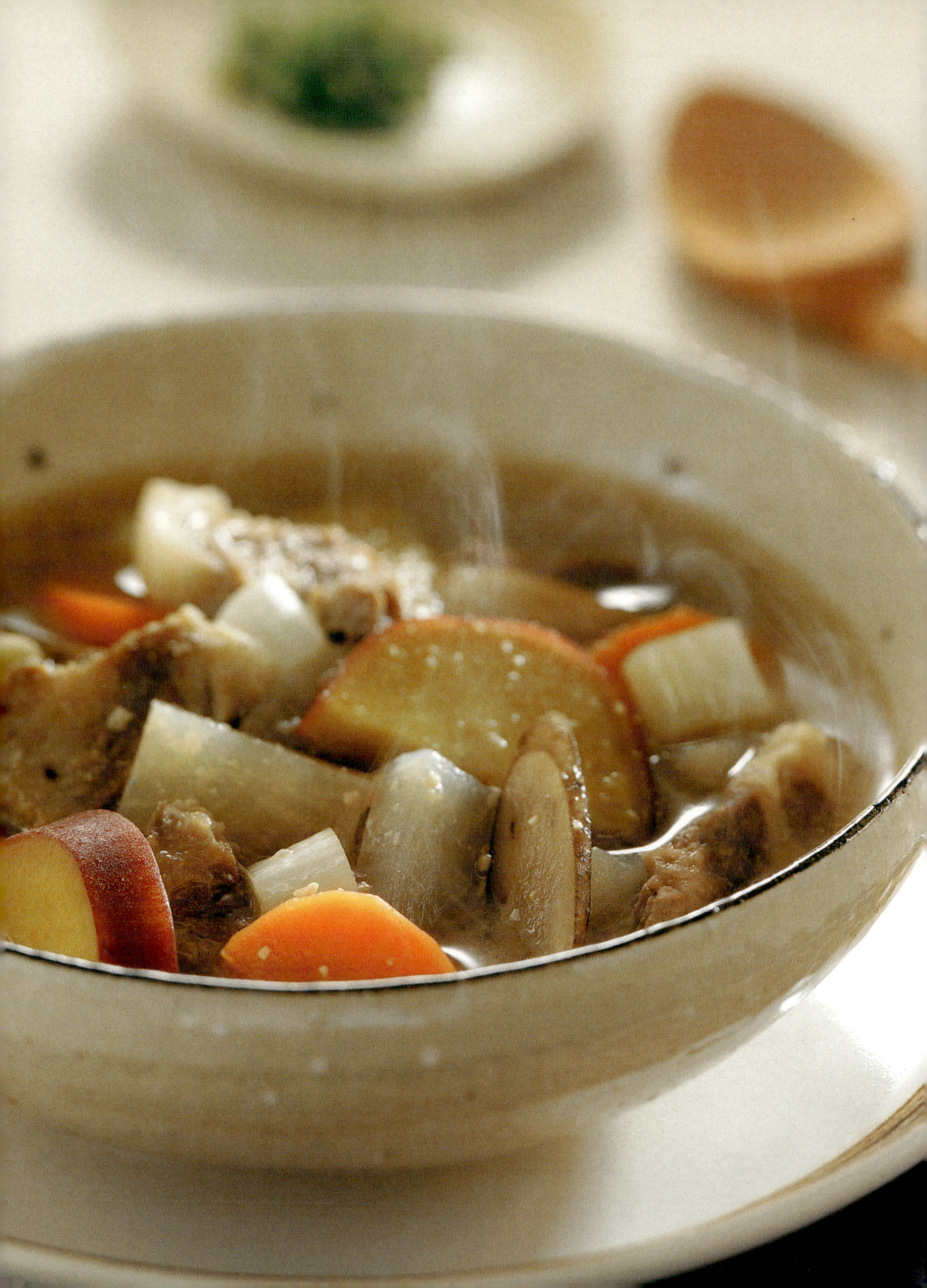

和風の スープ　豚汁

滋養たっぷりの定番！
豚汁

324 kcal

材料（2〜3人分）

豚肩ロース肉(とんかつ用) ——————— 1枚
ごぼう ——————— 15cm
大根 ——————— 5cm
にんじん ——————— 1/2本
さつま芋 ——————— 1/3本
長ねぎ ——————— 15cm
ごま油 ——————— 大さじ1/2
水 ——————— 3 1/2カップ
酒 ——————— 大さじ1
味噌 ——————— 大さじ3
青唐辛子 ——————— 適量（好みで）

作り方

1 豚肉は1.5cmの棒状に切る。ごぼうは斜め薄切りにしてさっと水につける。大根は1cm厚さのいちょう切りに、にんじんは5mm厚さの半月に切る。
2 鍋にごま油を熱し、**1**を加えて炒める。
3 水、酒を加えて沸騰させ、あくを取る。味噌大さじ1を加え、弱火にして20分ほど煮る。
4 さつま芋を1cm厚さの半月切りにして**3**に加え、豚肉、野菜がやわらかくなるまで煮る。
5 1.5cm幅に切った長ねぎを加え、残りの味噌を溶かし入れて器に盛る。好みで小口切りにした青唐辛子を加えていただく。

味噌スープにパンが合います

味噌とパンは、意外と相性がいいってご存知ですか？ バゲットやカンパーニュなど、プレーンなパンを添えて召しあがれ。

healthy point

ビタミンB1をたっぷり含む豚肉は、疲れたときのおすすめ食材。体をぽかぽかあたためて、豚肉のパワーで、疲労を回復させましょう！

からだの芯からあったまる
鮭の粕汁

256 kcal

材料 (2〜3人分)
- 塩鮭アラ(中塩) ……… 300g
- 大根 ……… 10cm
- じゃが芋 ……… 2個
- 青ねぎ ……… 2本
- 酒粕 ……… 50g
- 水 ……… 5カップ
- しょうが汁 ……… 小さじ1
- ゆずの皮 ……… 少々

作り方
1. 鮭のアラは塩がついていたらさっと洗い、ぶつ切りにして鍋に入れ、水を加えて火にかける。
2. 大根はいちょう切りに、じゃが芋は大きめに切って加え、沸騰したらあくを取って弱火にし、アラからダシが出て野菜に火が通るまで煮る。
3. 酒粕をちぎってボウルに入れ、2の煮汁を少量加えて溶かして鍋に戻し入れ、最後にざく切りの青ねぎ、しょうが汁を加え、器に盛り、ゆずの皮を香りに入れる。

※鮭のアラは頭を使うときには塩気が強いので、薄い塩水に半日ほどつけて塩抜きしてから使う。

healthy point
魚介類に多い脂肪EPA、DHAに加えて、鮭の赤い色素のアスタキサンチンは、高い抗酸化力があるといわれる成分。美白にもいいといわれているんです！

和風の**スープ** 鮭の粕汁 けんちん汁

根菜＋こんにゃくでおなかもすっきり

けんちん汁

134 kcal

healthy point

根菜は食物繊維が豊富。大腸の中でコレステロールなどの脂肪分や発ガン物質を吸着して体外に排出するといわれています。もちろん、便秘の解消にもなります。

材料（2人分）

- にんじん————4cm
- 大根————4cm
- こんにゃく————1/3枚
- ごぼう————15cm
- 干ししいたけ————3枚
- 木綿豆腐————1/2丁
- 長ねぎ————5cm
- ごま油————大さじ1/2
- だし汁————3カップ
- 塩————小さじ1/3
- みりん————小さじ1/2
- しょうゆ————小さじ1

作り方

1 にんじん、大根、こんにゃくは短冊切りに。ごぼうはささがきにして、さっと水につける。干ししいたけは水で戻して石づきを取り、せん切りに。

2 鍋にごま油を熱し、1を炒める。全体に油がまわったらだし汁を加える。沸騰したらあくを取り、火を弱めて15分ほど煮る。

3 材料に火が通ったら、木綿豆腐をくずしながら加え、塩、みりん、しょうゆで味をととのえ、器に盛って小口切りの長ねぎをのせる。

材料のうまみがじわっとしみ出した素朴な味

のっぺい汁

231 kcal

材料（2〜3人分）

にんじん	1/2本
れんこん	1/3本
干ししいたけ	3枚
里芋	3個
ちくわ	1本
鶏もも肉	100g
長ねぎ	1/4本
なめこ	1/2パック
ぎんなん（ゆで）	8個
だし汁	3カップ
薄口しょうゆ	大さじ1
片栗粉	大さじ1/2
しょうが汁	小さじ1

作り方

1 にんじんは乱切りに、れんこんは8mm厚さのいちょう切りにする。干ししいたけは戻して石づきを取り、そぎ切りにする。里芋は乱切りに、ちくわは小口切りに、鶏肉は一口大に切る。

2 鍋にだし汁とにんじん、れんこん、しいたけを入れて火にかける。沸騰したら火を弱めて15分煮る。

3 里芋、ちくわ、鶏肉を加え、再び材料に火が通るまで15〜20分煮る。

4 薄口しょうゆで味をととのえ、斜め切りにした長ねぎ、なめこ、ぎんなんを加え、水大さじ1で溶いた片栗粉でとろみをつけ、しょうが汁を加えて火を止める。

healthy point

にんじんもれんこんも食物繊維が豊富なので、整腸作用はもちろん、大腸ガンなどの予防にも期待。れんこんに含まれるムチンはたんぱく質の消化を助ける効果もあります。

和風の スープ
のっぺい汁
納豆とモロヘイヤのねばねばスープ

材料 (2人分)

納豆(ひきわり)──1パック(50g)
モロヘイヤ──────1/2束
だし汁────────3カップ
味噌─────────大さじ2

作り方

1 納豆はよく混ぜて粘りを出し、モロヘイヤは葉をつまんで細かく刻む。

2 鍋にだし汁を入れて火にかけ、沸騰直前に味噌を溶き入れて**1**を加え、再び汁が沸いてきたら火を止めて器に盛る。

※味噌は産地、メーカーなどによって塩分量が違うので、分量は参考にし、控えめに入れて味を見て調節する。

healthy point

モロヘイヤを刻むと粘りが出てきます。これはムチンという成分。たんぱく質の消化を助けますので、肉料理に合わせて食べるとより効果的です。

97 kcal

ふたつのねばねば食材の元気スープ

納豆とモロヘイヤのねばねばスープ

healthy point

なすにはカリウムや食物繊維が含まれているので、むくみが気になるときや、便秘気味のときにおすすめです。赤味噌のコクが淡白ななすの味にマッチ。

材料 (2人分)

なす―――――2本
厚揚げ―――――1/2枚
だし汁―――――3カップ
赤味噌―――――大さじ2
みょうが―――――1本

作り方

1 なすは焼き網にのせ、直火で表面が焦げるくらい焼く。熱いので竹串などを使って皮をむき、1cm厚さに切る。厚揚げは5mm厚さの色紙切りにする。
2 鍋にだし汁を入れて火にかけ、**1**を加える。だし汁が沸騰してきたら味噌を溶き入れ、器に盛り、みょうがのせん切りをのせる。

赤味噌でコクのある味わいに

焼きなすの赤だし

143 kcal

和風の スープ

野菜の甘みが溶け込んだ味噌スープ

ブロッコリーと油揚げのごま風味

183 kcal

材料 (2人分)

ブロッコリー ————— 1/2株
玉ねぎ ————————— 1/2個
油揚げ ————————— 1/2枚
だし汁 ————————— 3カップ
味噌 —————————— 大さじ2
すりごま ———————— 大さじ1

作り方

1 ブロッコリーは小さめの小房に分け、玉ねぎはくし形に、油揚げはさっと熱湯をかけて油抜きをしてから短冊に切る。

2 鍋にだし汁と玉ねぎを入れて火にかけ、玉ねぎが透き通ってきたらブロッコリー、油揚げを加える。

3 野菜に火が通ったら味噌を溶き入れ、器に盛り、すりごまをふる。

healthy point

ブロッコリーはビタミンAとビタミンCがとても豊富。つまり、抗酸化作用の高い野菜。大豆加工製品である味噌、油揚げともに栄養価の高い、ヘルシースープです。

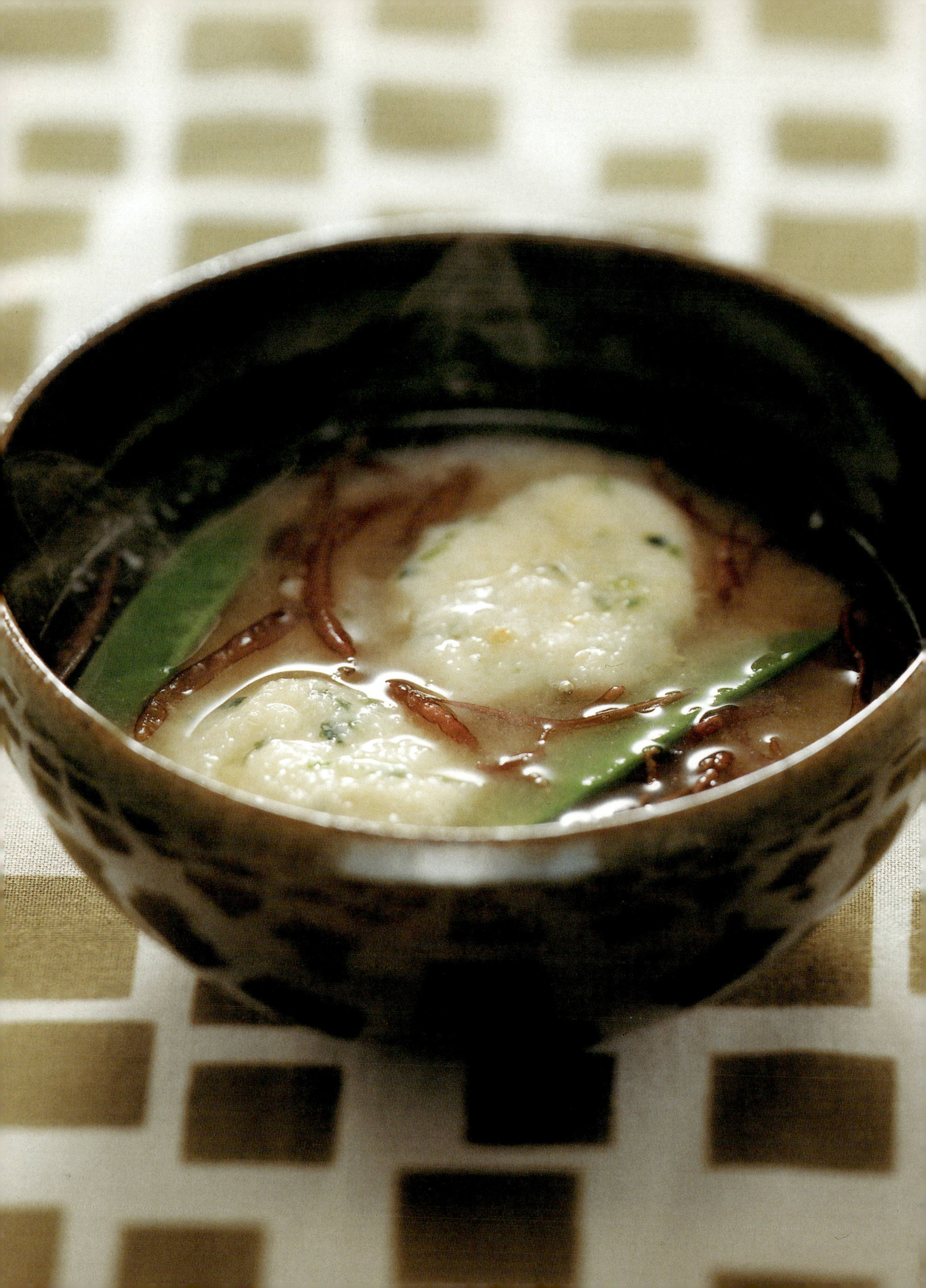

和風の スープ　やま芋のふわ団子スープ

ふわふわの団子をひきたてるだしが美味
やま芋のふわ団子スープ

142 kcal

材料（2人分）

やま芋	150g
卵白	大さじ1
青のり	小さじ1
絹さや	6枚
だし汁	3カップ
味噌	大さじ2
ふのり	2g

作り方

1 やま芋をすりおろし、卵白、青のりを混ぜる。
2 鍋にだし汁を沸かし、1をスプーンですくって落とし、火が通って弾力が出てきたら筋を取った絹さやを加える。味噌を溶き入れてふのりを入れた器に盛る。

やま芋団子の作り方

1 やま芋をおろすときはキッチンペーパーを巻くと持ちやすくなる。

2 おろしたやま芋をボウルに入れ、卵白を加えて混ぜ、青のりを加える。

3 スプーンですくって、沸騰しただし汁の中に入れる。

healthy point

やま芋には、でんぷんを分解する消化酵素が含まれているので、おなかの調子が悪いときにもおすすめ。また、ぬるぬる成分のムチンは、消化不良を防ぎます。

ねばねば食材で元気に
とろろ冷やし味噌汁

84 kcal

材料(2人分)
長芋 ———————— 200g
だし汁 ——————— 1/2カップ
おくら ———————— 2本
味噌 ———————— 大さじ1弱

作り方
1 だし汁を沸かし、味噌を溶かして火を止め、冷やしておく。おくらは塩(分量外)でもみ、熱湯でさっとゆでてざるに取り、冷めたら小口に切る。
2 長芋は皮をむいてすりおろし、1の汁を加える。
3 器に盛り、おくらをのせる。

healthy point

長芋には消化酵素のアミラーゼが豊富に含まれています。アミラーゼは、でんぷんの消化をよくする成分。ごはんや穀類、芋などの消化をよくして胃の負担を軽くしてくれます。

和風の スープ とろろ冷やし味噌汁
ごぼうと豆乳のポタージュ

材料 (2人分)

ごぼう —————— 1/2本
玉ねぎのみじん切り —— 1/4個分
オリーブ油 ———— 大さじ1/2
豆乳 ——————— 1 1/2カップ
だし汁 —————— 1 1/2カップ
塩、こしょう ———— 各少々

作り方

1 ごぼうはきれいに洗って皮を包丁の背でこそげ取り、小口切りにしてさっと水に取る。
2 鍋にオリーブ油を入れて玉ねぎを透き通るまでゆっくり炒め、水気を切ったごぼうも加え、色が変わるまでよく炒める。
3 2にだし汁を加えてごぼうがやわらかくなるまで煮る。
4 3をやけどしないよう気をつけてミキサーにかけ、滑らかにする。
5 鍋に戻して火にかけ、豆乳を加えて塩、こしょうで味をととのえ沸騰直前に火を止める。

healthy point

食物繊維が豊富なごぼうは、便秘解消におすすめの食材。さらに、大腸がんの予防にも効果が期待される成分も含まれているので、生活習慣病予防にもなります。

ごぼうがまろやか風味に変身
ごぼうと豆乳のポタージュ

125 kcal

healthy point

たけのこには食物繊維が豊富。そしてハマグリはコレステロール値を下げる働きのあるタウリンが含まれています。でも、何より、旬の時期の香りのよさを楽しんでください。

旬に味わう、春の香りのスープ
たけのことハマグリのお吸い物

40 kcal

材料 (2人分)

新たけのこ	1/2個
ハマグリ	200g
生麩	2cm
だし汁	3カップ
薄口しょうゆ	少々
酒	大さじ1/2
木の芽	少々

作り方

1 ハマグリは砂出しし、殻をこすって汚れを取る。たけのこの穂先は縦に、硬い部分は繊維を切るようにいちょうに切る。生麩は5mm厚さに切る。

2 鍋にだし汁とハマグリを入れて火にかける。ハマグリの口が開いたら一度取り出し、あくを取ってたけのこを加える。

3 酒と薄口しょうゆで味をととのえ、生麩とハマグリを戻して火を止める。

4 器に盛り付け、最後に木の芽を散らす。

※ハマグリに塩分があるので、薄口しょうゆで味を調節してください。

和風のスープ

風味を味わう粋なスープ
めかぶと湯葉のお吸い物

81 kcal

材料（2人分）

刻みめかぶ	50g
生湯葉	1枚
はんぺん	1/2枚
だし汁	3カップ
酒	大さじ1/2
薄口しょうゆ	大さじ1/2
ゆずの皮	少々

作り方

1 生湯葉は短冊切りに、はんぺんは1cmの角切りにする。
2 鍋にだし汁を入れて火にかけ、酒、薄口しょうゆで味をつける。
3 1とめかぶを加え、沸騰したら火を止めて器に盛り、ゆずの皮をのせる。

healthy point

めかぶは、わかめの増殖をコントロールする部分。栄養も凝縮されていて小さくても優秀な食材です。食物繊維が豊富で血液サラサラ効果も期待できます。

やわらかい鶏団子からうまみがたっぷり

きゃべつと鶏団子のスープ

208 kcal

材料（2人分）

鶏団子
- 鶏ひき肉 ──── 150g
- おろしにんにく ── 1/2かけ分
- 塩 ──────── 少々
- 卵 ──────── 1/2個
- 片栗粉 ────── 小さじ2

きゃべつ ─────── 3枚
にら ───────── 1/4束
鶏ガラスープ ──── 3カップ
薄口しょうゆ ──── 大さじ1
酒 ───────── 大さじ1
塩、こしょう ──── 各少々

作り方

1 鶏団子の材料をボウルに入れてよく練り合わせる。
2 きゃべつ、にらはざく切りにする。
3 鍋に鶏ガラスープを入れて火にかけ、酒を加える。1の団子をスプーンですくいながら入れてあくを取る。
4 2のきゃべつを加え、全体に火が通ったらにらを加えて薄口しょうゆ、塩、こしょうで味をととのえ、器に盛る。

healthy point

鶏肉は肉のなかではカロリーが低く、ダイエットなどにむいています。しかも他の肉にはないビタミンAが含まれているので、皮膚や粘膜を丈夫にしてくれます。

和風の スープ　きゃべつと鶏団子のスープ／れんこんと絹さやのしゃきしゃきスープ

材料 (2人分)

- れんこん ———————— 1/2個
- 鶏胸肉 ———————— 1/2枚
- 絹さや ———————— 10枚
- だし汁 ———————— 3カップ
- 酒 ———————— 大さじ1/2
- 塩 ———————— 小さじ1/3
- しょうゆ ———————— 少々

作り方

1 れんこんは大きければいちょうか半月の薄切りにする。絹さやは筋を取る。鶏肉は一口大のそぎ切りにして薄く塩（分量外）をしておく。
2 鍋にだし汁を入れて火にかけ、酒、塩を加える。
3 沸いたところに鶏肉とれんこんを加え、あくを取り、最後に絹さやを加え、しょうゆ少々を加えて器に盛る。れんこんの歯ごたえの残るうちに仕上げを。

healthy point

れんこんには、食物繊維のほかに、レモンと同じくらいの量のビタミンCが含まれています。また、切ると糸を引く成分はムチン。たんぱく質の消化を助ける働きがあるので、肉との相性がいい野菜です。

すっきり味で歯ごたえを楽しんで

れんこんと絹さやのしゃきしゃきスープ

154 kcal

healthy point

セロリの独特の香りの主成分は、アピインやセネリンという成分。頭痛をやわらげたり、イライラを解消する効果があるといわれています。リラックスしたいときに、おすすめのスープです。

セロリの風味が食欲を誘う

セロリと豚肉のスープ

227 kcal

材料（2人分）

豚肉切り落とし	150g
セロリ	1/2本
生しいたけ	2枚
えのきだけ	1/2パック
おろししょうが	1/2かけ分
ごま油	小さじ1
だし汁	3カップ
塩	小さじ1/4
こしょう	少々

作り方

1 セロリは4cm長さの短冊切りに、生しいたけは石づきを取って薄切りに、えのきだけは石づきを取る。

2 鍋にごま油を熱して豚肉を炒め、色が変わったらだし汁を加える。沸騰したらあくを取り、セロリ、しいたけ、えのきだけを加える。

3 塩、こしょう、おろししょうがで味をととのえ、器に盛る。

和風の スープ　セロリと豚肉のスープ／タラときのこのスープ

あっさりとした風味のすまし汁

タラときのこのスープ

115 kcal

材料（2人分）

- 生タラ ──── 2切れ
- しめじ ──── 1/2パック
- 生しいたけ ──── 2個
- 三つ葉 ──── 4本
- だし汁 ──── 3カップ
- 酒 ──── 大さじ1
- 薄口しょうゆ ──── 大さじ1/2
- 片栗粉 ──── 大さじ1/2
- すだち ──── 適量

作り方

1　しめじは石づきを取って小房に分ける。生しいたけは石づきを取って2〜4等分に。タラは一口大のそぎ切りにして、薄く塩（分量外）をする。

2　鍋にだし汁を入れて火にかけ、1のきのこを加える。

3　酒と薄口しょうゆで味をつけ、片栗粉をふったタラを加える。あくを取って、味をととのえ、器に盛り、三つ葉を散らす。すだちを絞っていただく。

healthy point

タラもきのこ類も低カロリーな食材。実はダイエットむきのスープです。タラはたんぱく質が豊富。きのこは食物繊維が豊富。栄養も豊富、便通もよくしてくれるスープです。

COLUMN 3

和風のスープを おいしくするコツ

ぐつぐつ煮込む洋風スープと違い、
和風スープのおいしさの決め手は風味の良さ。
風味を演出するだしや香りの素材を上手に使って、
おいしい和風スープを楽しみましょう。

◆ 基本のだしをとりましょう

日本人の味覚にしっくりなじみ、ほっとさせてくれるのがだしの風味。だしをとるのはめんどうと思いがちですが、実は意外にかんたん。時間のあるときは、だしからとってみませんか。風味の良さが際立って、いつものスープも格上のおいしさに。

1 かつお節

1　鍋に湯を沸かしたら、かつお節をたっぷり入れてひと煮立ちさせます。

2　細かい目のざるかふきんなどでかつお節をこせばできあがり。

2 昆布

1　表面の汚れやホコリを乾いた布きんやペーパータオルで取り除きます。

2　水にしばらくつけてだしが出やすくします。

3　つけておいた水ごと鍋に入れ、火にかけ、沸騰直前で昆布を取り出します。

かつお節、昆布、煮干し、どんなときに使えばいいの？

和風だしの代表選手はかつお節と昆布と煮干し。風味の異なる3つのだしは、それぞれどう使い分ければいいのでしょうか。まず、万能なのがかつお節と昆布。合わせだしとして使ってもOK。昆布は風味も上品なので関西風の煮物やお吸い物におすすめ。かつお節はうどんやそばのだしや煮物に。煮干しは風味が強いので味噌などに合います。

3 煮干し

1. 苦味のある頭と腹わた部分を取り除きます。頭を取ったら、手でかんたんに開けるので、腹わたを取ります。

2. しばらく水につけてやわらかくして、だしを出やすくします。

3. つけておいた水ごと鍋に入れて火にかけ、沸騰させ、あくを取ってできあがり。

◆◆ 手早く作りたいなら市販のだしの素を活用しましょう

意外に簡単にとれるだしだけど、やっぱり時間がない、というときは市販のだしの素を使いましょう。かつお節、昆布、煮干しなど、種類も豊富です。顆粒状、液状など、タイプも分かれているので、用途に合わせて使い分けられます。また、作ったその日に食べないものなどは、市販のだしの素を使ったほうが風味がなくなりにくいのでおすすめです。

◆ 風味素材をプラスして味に深みを演出

日本料理の良さに、「香り」があります。ほのかに香るゆずやかぼすの上品な香りは、料理全体の味のなかに奥行きを醸し出してくれます。和風スープにもぜひ使いたいのがそんな風味素材。ゆずやかぼす、木の芽やみょうがなど、独特の風味が和の味わいを演出してくれます。

※掲載の商品は変更する可能性があります。

COLUMN 4

毎日の味噌スープ バリエーション

和風スープといえば、やっぱり味噌汁！
具材を変えるだけで色々な味わいが広がります。
代表的な具材をちょこっとご紹介しましょう。

なす ✚ おくら

夏におすすめの組み合わせ。さっぱり素材なので、赤味噌、合わせ味噌で。

かぼちゃ ✚ 油揚げ ✚ 玉ねぎ

甘みのある野菜とうまみの出る油揚げ。白味噌、合わせ味噌がおすすめ。

豆腐 ✚ みょうが

すっきりいただきたい組み合わせ。みょうがの時季にはたっぷりと刻んで入れてください。

さつま芋 ✚ 絹さや

しっとりとやわらかいさつま芋にしゃきっとした絹さやは、歯ごたえの違いも楽しいです。

卵 ✚ ほうれん草

卵は溶き卵にして流し入れるスタイル。ふんわりとした食感にほっとします。栄養もたっぷり。

たけのこ ✚ わかめ

春の旬のたけのこを使った組み合わせ。どんなタイプの味噌でも合いそうです。

しじみ ✚ 長ねぎ

しじみからだしとうまみがたっぷり出るので長ねぎはさっと添えるだけ。

なめこ ✚ 長ねぎ ✚ 油揚げ

赤味噌で味わいたい組み合わせ。なめこと長ねぎだけでもOKです。

えのきだけ ✚ 三つ葉

えのきだけのしゃきしゃきっとした歯ごたえを楽しむ味噌汁。味噌のタイプも選びません。

スープでごはん！

しっかりおかず
スープ

＋＋＋＋＋＋＋＋＋＋＋＋＋

具だくさんで、しっかりとおかずになるスープを作りました。
見た目もおしゃれだから、おもてなしにもおすすめ。
ごはんやパンをあわせてどうぞ。

スープでごはん！　ロールキャベツ

ひき肉ぎっしりでボリューム満点！

ロールキャベツ

■ 321 kcal

材料 (2人分)

ロールキャベツ
- きゃべつ ———— 2〜3枚
- 玉ねぎ ———— 1/8個
- 合いびき肉 ———— 150g
- 卵 ———— 1/2個
- 塩、こしょう、ナツメグ ———— 各少々
- ブイヨン ———— 2カップ
- 塩 ———— 小さじ1/4
- こしょう ———— 少々

ホワイトソース
- バター ———— 大さじ1 1/2
- 小麦粉 ———— 大さじ2
- 牛乳 ———— 1カップ
- パセリのみじん切り ———— 適量

作り方

1 きゃべつは葉をきれいにはがしてさっとゆで、ざるに上げておく。冷めたら芯をそぎ取り、芯はみじん切りにする。玉ねぎはみじん切りにする。

2 合いびき肉はボウルに入れ、卵、塩、こしょう、ナツメグを入れて粘りが出るまで混ぜる。そこへ玉ねぎ、きゃべつの芯のみじん切りを加える。

3 きゃべつは内側を上にしておき、小さければ葉を足す。2の肉だねを2等分して丸めてきゃべつの手前におき、きっちりと巻く。これを2個作る。

4 3の巻き終わりを下にして、小さめの鍋に入れ、ブイヨンを加えて火にかける。塩、こしょうをして落としぶたをし、そのまま30分ほど、きゃべつがやわらかくなるまで煮る。

5 ホワイトソースを作る。耐熱ボウルにバターを入れて電子レンジ(500W)に入れ、10秒加熱して溶かす。そこに小麦粉を加えて混ぜ、再び電子レンジで約40〜50秒加熱。

6 全体が泡立ち、白っぽくなったら冷たい牛乳を2〜3回に分けて加え、泡立て器で混ぜる。

7 再び電子レンジで約2分加熱する。泡立て器で全体を混ぜる。

8 4が煮えたら7のホワイトソースを加え、2〜3分全体をなじませるように弱火で煮、味をみて器に盛り、パセリを散らす。

電子レンジで作るホワイトソース

1 電子レンジで加熱してやわらかくしたバターに小麦粉を加え、よく混ぜ合わせる。

2 再び、電子レンジ(500W)で約40〜50秒加熱して、表面全体が泡立つような状態にする。

3 冷たい牛乳を2〜3回に分けて加え、よく混ぜる。

4 再び、電子レンジ(500W)で約2分加熱して泡立て器で全体を混ぜ、もったりしてきたらでき上がり。

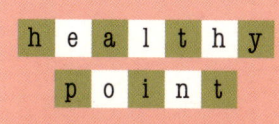

healthy point

肉ときゃべつという相性のよい組み合わせ。きゃべつの食物繊維が余分なコレステロールを排泄する働きをしてくれます。

薄切り肉をおしゃれにアレンジ

ロールビーフの ブラウンシチュー

464 kcal

材料 (2人分)

牛肉薄切り ——— 200g
塩、こしょう ——— 各少々
小麦粉 ——— 大さじ1/2
バター ——— 大さじ1
玉ねぎ ——— 1/2個
赤ワイン ——— 1/2カップ
トマトピューレ ——— 大さじ1
デミグラスソース ——— 1/2カップ
水 ——— 1/2カップ
つけ合わせ
　にんじん ——— 1/3本
　じゃが芋 ——— 1個
　ブイヨン ——— 1/2カップ
　塩、こしょう ——— 少々
　バター ——— 大さじ1/2

healthy point

牛肉のたんぱく質は消化がよく、アミノ酸バランスもよいのが特徴。ビタミンB₂、鉄分を含んでいるので、女性に多い貧血の予防にも一役買います。

作り方

1 牛肉は広げて薄く塩、こしょうをし、端からくるくる巻いて小麦粉をふっておく。

2 鍋にバターを熱し、1の牛肉をキツネ色に焼いて取り出す。

3 次に玉ねぎの薄切りを加え、しんなりして色づくくらいまで弱火で炒める。

4 肉を戻して火を強め、赤ワインを加える。鍋底についたうまみをこそげ取り、アルコールがとんだら、トマトピューレ、デミグラスソース、水を加える。沸騰したらあくを取り、塩、こしょうをして、15分ほど弱火で煮る。

5 つけ合わせのにんじんとじゃが芋は皮をむいて一口大に切り、面取りする。ブイヨンに塩、こしょうを加えたもので煮る。

6 煮えたら汁を切ってバターを加え、キツネ色に焦げめがつくまで焼く。

7 4が煮えたら塩、こしょうで味をととのえて器に盛り、6のにんじんとじゃが芋を添える。

つけ合わせの野菜の切り方

1 皮をむいて一口大に切ったじゃが芋の切り口の部分を面取りする。

2 1と同様に、にんじんの切り口部分も面取りをする。

スープ でごはん！　ロールビーフの
ブラウンシチュー

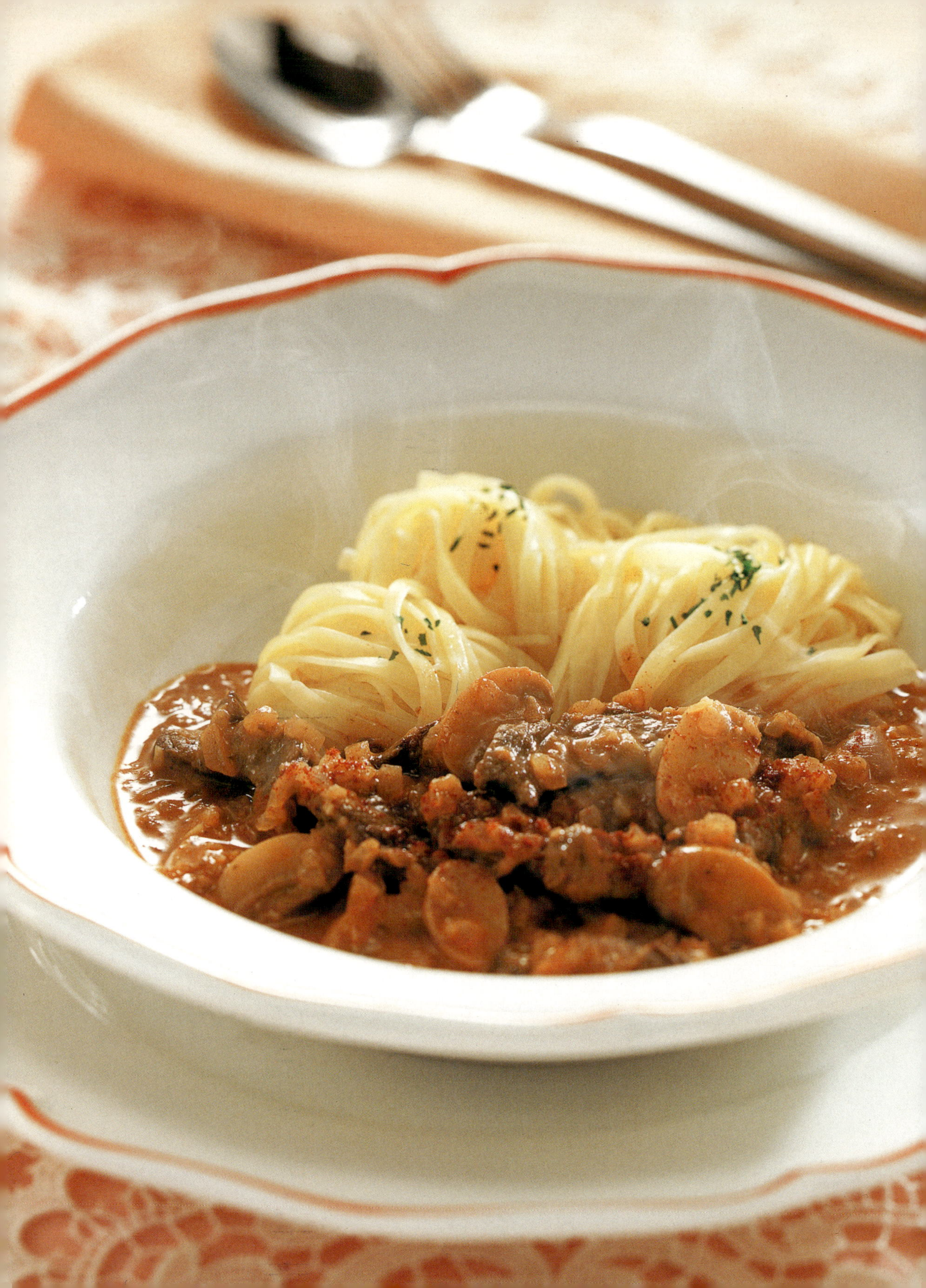

スープでごはん！　ビーフストロガノフ

シチュー感覚で楽しむ
ビーフストロガノフ

597 kcal

材料 (2〜3人分)

牛肉焼肉用	200g
塩、こしょう	少々
小麦粉	大さじ1/2
玉ねぎ	1/2個
マッシュルーム	8個
にんにく	1かけ
バター	大さじ1 1/2
ブイヨン	1 1/2カップ
トマトペースト	大さじ1
パプリカパウダー	小さじ1
塩	小さじ1/3
こしょう	少々
サワークリーム	大さじ2
パスタ	100g
パセリのみじん切り	適量

作り方

1 牛肉は短冊状に切って塩、こしょうで下味をつけ、小麦粉をふる。

2 鍋にバター大さじ1を熱し、牛肉を焼く。すぐに動かさず、焼き目がついてから返すようにして、取り出す。

3 2に残りのバターを熱し、みじん切りのにんにく、スライスした玉ねぎを加えて炒める。透き通ってきたら、スライスしたマッシュルームも加える。ブイヨンを注ぎ、鍋底のうまみをこそげ取るようにし、牛肉も戻し入れる。トマトペースト、パプリカパウダーを加え、塩、こしょうをしてゆるくとろみがつくまで10分ほど煮込み、最後にサワークリームを加えて味をととのえ、火を止める。

4 ゆでたパスタとともに盛りつけ、パセリを散らす。

ワインを添えておしゃれに

ふだんの食卓でも赤ワインを添えるだけでぐんとおしゃれな印象に。赤ワインは牛肉と相性がよく、抗酸化作用の高い成分、ポリフェノールが入っているので適量ならおすすめです。

healthy point

牛肉は優秀なたんぱく源ですが、脂肪分が気になりますね。コレステロール値が気になる人は、ももなどの脂の少ない部位でカロリーコントロールを。

じっくり煮込んだやわらかお肉
鶏肉の赤ワイン煮

518 kcal

材料（2人分）

- 鶏もも肉（骨付き）————2本
- 塩、こしょう————各少々
- にんにく————1かけ
- 玉ねぎ————1/4個
- にんじん————1/4本
- セロリ————1/4本
- マッシュルーム————8個
- オリーブ油————大さじ1/2
- 小麦粉————大さじ1/2
- 赤ワイン————1 1/2カップ
- デミグラスソース————1/2カップ
- 水————1カップ
- マッシュポテト
  - じゃが芋————1個
  - バター————小さじ1
  - 牛乳————1/2カップ
  - 塩、こしょう————各少々
- イタリアンパセリ————少々

作り方

1 鶏肉は関節から半分に切り、塩、こしょうで下味をつける。にんにくはつぶし、玉ねぎ、にんじん、セロリは5mm角に切る。

2 鍋にオリーブ油、にんにくを入れて火にかけ、中火で鶏肉を焼く。すぐに返さず、キツネ色になるまで全体を焼いたら取り出す。

3 2の鍋に玉ねぎ、にんじん、セロリを加えて、6〜7分かけてじっくりと炒める。

4 3に小麦粉をふり入れて炒め、粉っぽさがなくなったら、鶏肉を戻し、赤ワイン1カップを加える。鍋底のうまみをこそげ取り、デミグラスソース、水を加える。

5 あくを取ったら弱火にしてクッキングペーパーなどで落としぶたをし、20〜30分、鶏肉がやわらかくなるまで煮る。

6 残りの赤ワインは別の鍋で1/3の量まで煮詰めておく。

7 5の鶏肉がやわらかくなったら取り出し、煮汁はざるでこして再び鍋に戻す。

8 半分に切ったマッシュルームを加え、火が通ったら鶏肉を戻し、6の赤ワイン、塩、こしょうで味をととのえる。

9 マッシュポテトを作る。じゃが芋はきれいに洗って半分に切り、耐熱容器に入れてラップをかけて電子レンジ(500W)で約3分加熱する。

10 じゃが芋がやわらかくなったら熱いうちに皮をむき、めん棒などでつぶす。バター、牛乳を加えて混ぜ、ラップをしないで、再び電子レンジで1〜1分半加熱。塩、こしょうで味をつける。鶏肉とともに盛りつけ、イタリアンパセリを添える。

healthy point

鶏肉は低カロリーなたんぱく源である上に、脂肪にはコレステロールを減らす作用があるといわれています。その鶏肉に、活性酸素を除去するポリフェノールを含む赤ワインを合わせた一皿なら、生活習慣病予防にぴったり。

スープでごはん！　鶏肉の赤ワイン煮

野菜の元気をまるごといただく

夏野菜の煮込みスープ

101 kcal

材料 (2人分)

玉ねぎ	1/2個
なす	1本
パプリカ	1個
ズッキーニ	1本
トマト	1個
にんにく	1かけ
オリーブ油	大さじ1 1/2
ブイヨン	2カップ
オレガノ、バジル（フレッシュまたはドライ）	適量
塩	小さじ1/2
こしょう	少々
粉チーズ	大さじ1

作り方

1 玉ねぎ、なす、パプリカ、ズッキーニ、トマトはすべて食べやすく一口大に切る。にんにくはつぶす。

2 厚手の鍋にオリーブ油とにんにくを入れて中火にかけ、よい香りがしてきたら玉ねぎを加えて透き通るまで炒める。続いてなすを入れ、油がまわったらパプリカ、ズッキーニを加える。

3 全体がしんなりとしてきたらトマトを加え、水気をとばすように炒めたらブイヨンを注ぐ。塩、こしょう、オレガノ、バジルを加えて10分ほど煮る。

4 最後に塩で味をととのえて器に盛り、粉チーズをふる。

※ハーブはフレッシュよりもドライのほうが香りが強いので、ドライは2つまみくらい、フレッシュなら1〜2枝くらいを目安に。

healthy point

玉ねぎの硫化アリルという成分は、血液の塊をできにくくする効果があり、パプリカやズッキーニ、トマトにはビタミンCが豊富。さらにトマトの色素であるリコピンには、活性酸素を除去する効果があるといわれています。

スープでごはん！　夏野菜の煮込みスープ／鮭とアサリのスープ

healthy point

鮭はとても栄養豊富な魚のひとつ。たんぱく質を筆頭に、各種ビタミン、そしてDHA、EPAと体によい栄養成分がずらっと並びます。動脈硬化などの予防におすすめの魚といえます。

材料（2人分）

- 鮭 ——— 2切れ
- 塩、こしょう ——— 各少々
- 白菜 ——— 1枚
- オリーブ油 ——— 小さじ2
- スープ
  - アサリ ——— 150g
  - 白ワイン ——— 大さじ1
  - セロリの葉 ——— 少々
  - パセリの軸 ——— 1本
  - ブイヨン ——— 2カップ
  - 塩、こしょう ——— 各少々
- バジルのせん切り ——— 少々

作り方

1 スープを作る。アサリは砂出しして殻をこすり、汚れを取る。白ワイン、セロリの葉、パセリの軸とともにアサリを鍋に入れて蒸す。

2 沸騰してアサリの殻が開いたらあくを取り、火を止める。蒸し汁につけてアサリの身が乾かないようにしておく。

3 アサリと蒸し汁、ブイヨンを合わせて火にかけ、塩、こしょうで味をととのえる。

4 白菜は繊維と垂直に6〜7mmの短冊に切り、オリーブ油で塩、こしょうを軽くふってじっくり炒めておく。

5 鮭は塩、こしょうをふり、オリーブ油で皮目から焼く。すぐに返さずに、皮がキツネ色にぱりっとするまで焼いてから返し、色が変わったら取り出して皮をはがす。

6 5の鮭を3のブイヨンに入れて中まで火を通す。

7 器に白菜と6を盛り付け、スープを注ぎ、バジルを散らして皮を飾る。

うまみたっぷり、おしゃれ度もバツグン

鮭とアサリのスープ

254 kcal

材料 (2人分)

スペアリブ	200〜250g
塩	小さじ1/4
こしょう	少々
にんにく	1かけ
じゃが芋	2個
きゃべつの酢漬け(市販のザワークラウト)	200〜300g
白ワイン	1/2カップ
ブイヨン	3カップ
ローリエ	1枚

作り方

1 スペアリブは2〜3等分に切り、塩、こしょうをすり込んでおく。
2 鍋にスペアリブ、つぶしたにんにく、白ワイン、ブイヨン、ローリエを入れて火にかける。沸騰したらあくを取り、弱火にして10分ほど煮込む。
3 3〜4等分に切ったじゃが芋を加え、やわらかくなるまで20分ほど煮る。
4 ざるに上げて水気を切ったきゃべつの酢漬けを加え、5分ほど煮、最後に塩、こしょう少々（分量外）で味をととのえて器に盛る。

※酸味の苦手な方はきゃべつの酢漬けをさっと水で洗ってから使います。
スペアリブの代わりにソーセージやベーコンでもできます。

すっきりとした酸味が食欲を誘う

スペアリブのシュークルート

364 kcal

healthy point

酢は食欲を誘い、疲労回復にも効果があります。暑い夏には、こんなちょっと酸味のあるスープが疲れた体を癒してくれます。

ピリ辛チョリソーにまろやかな豆がマッチ
ミックス豆とチョリソーの煮込み

413 kcal

材料（2人分）

ミックス豆ドライ缶	小1缶（120gくらい）
玉ねぎ	1/2個
チョリソー	6本
にんにく	1かけ
オリーブ油	大さじ1/2
ブイヨン	3カップ
クミンパウダー	小さじ1/3
塩	小さじ1/4
こしょう	少々

作り方

1 玉ねぎ、にんにくは粗いみじん切りにする。
2 鍋ににんにくとオリーブ油を入れて火にかけ、香りがしてきたら玉ねぎを加えて透き通るまで炒める。
3 2にブイヨンを注ぎ、ミックス豆を加える。
4 沸騰したらあくを取って、クミン、塩、こしょうを加え、中火で10〜15分煮込む。
5 チョリソーを加えて5分ほど煮、塩（分量外）で味をととのえて器に盛る。

healthy point

たんぱく質、糖質、ビタミンが豊富な豆とチョリソーの組み合わせ。エネルギー源になるのでランチタイムにぴったりのスープです。

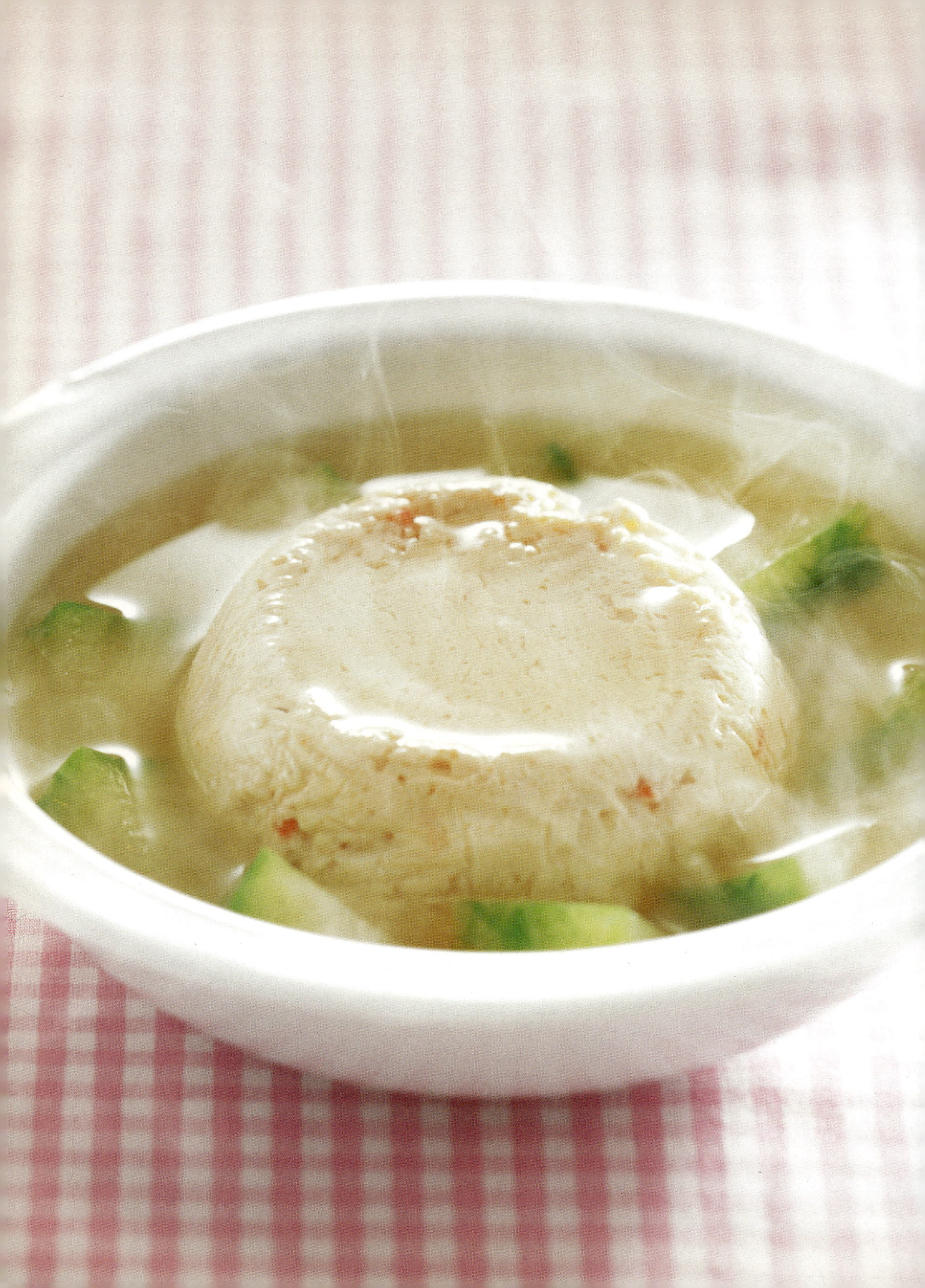

スープでごはん！ 豆腐とエビのレンジ蒸しスープ

ふんわり豆腐と冬瓜のあっさり味

豆腐とエビの
レンジ蒸しスープ

143 kcal

材料 (2人分)

木綿豆腐	200g
エビ	6尾
卵白	1個分
片栗粉	小さじ1
塩、こしょう	少々
薄口しょうゆ	小さじ1/4
スープ	
鶏ガラスープ	3カップ
冬瓜	150g
塩	小さじ1/4
こしょう	少々
片栗粉	小さじ1

作り方

1 豆腐は塩を少々ふってキッチンペーパーに包み、15分ほど置き、水を切る。エビは殻をむいて背わたを取り、5〜6mmに刻んでおく。

2 水気を切った豆腐をボウルに入れて手で細かくつぶす。卵白、片栗粉、エビ、塩、こしょう、薄口しょうゆを加えてよく混ぜる。

3 耐熱性の小さなボウルや湯飲みなどに**2**を2つに分けて入れ、1個につき約2〜2分半、電子レンジ(500W)で加熱する。

4 冬瓜は皮とわたを取って一口大に切り、鶏ガラスープとともに鍋に入れて火にかける。10〜15分煮てやわらかくなったら塩、こしょうで味をととのえ、水溶き片栗粉でゆるくとろみをつける。

5 器に**3**の豆腐を入れて**4**を注ぐ。

1 塩少々をふってキッチンペーパーに包み、水気を切る。

2 豆腐を手で細かくつぶし、刻んだエビを混ぜる。

3 耐熱容器に入れて電子レンジ(500W)で2〜2分半加熱する。

healthy point

ヘルシー素材の豆腐はどんな料理でも大活躍。豆腐に含まれる大豆サポニンとレシチンには動脈硬化を予防する効果があるといわれています。

ワンディッシュ・スープ

++++++++++++

具だくさんのスープに、
さらにごはんやめんをプラスした欲ばりスープ。
一皿でおなかは満足、栄養も豊富です。
おまけに食器の後片づけもラクチンです。

ピリ辛味でからだの芯からあったまる
キムチスープうどん

577 kcal

材料（1人分）

牛肉（切り落とし）	100g
白菜キムチ	70g
にら	1/4束
しょうが	1/2かけ
ごま油	小さじ1
鶏ガラスープ	2カップ
ゆでうどん	1玉
みりん	大さじ1/2
塩、こしょう	各少々
しょうゆ	少々

作り方

1 牛肉、白菜キムチは食べやすく切る。にらは4cm長さに切り、しょうがはすりおろす。

2 鍋にごま油を熱し、牛肉を炒める。肉が色づくくらいに炒めたら、おろししょうがを加え、鶏ガラスープを加える。

3 あくを取って中火にし、うどんを加え、キムチ、みりん、塩、こしょう、しょうゆで味をつける。最後ににらを加え、鮮やかな緑色になったら火を止め、器に盛りつける。

※キムチは漬け汁ごと加える。好みでコチュジャンを加えてもよい。

healthy point

キムチには乳酸菌がたっぷり。腸の調子をととのえてくれるのです。また、辛みの成分であるカプサイシンには、食欲を増進する効果に加え、血行をよくする効果もあります。

スープでごはん！ キムチスープうどん

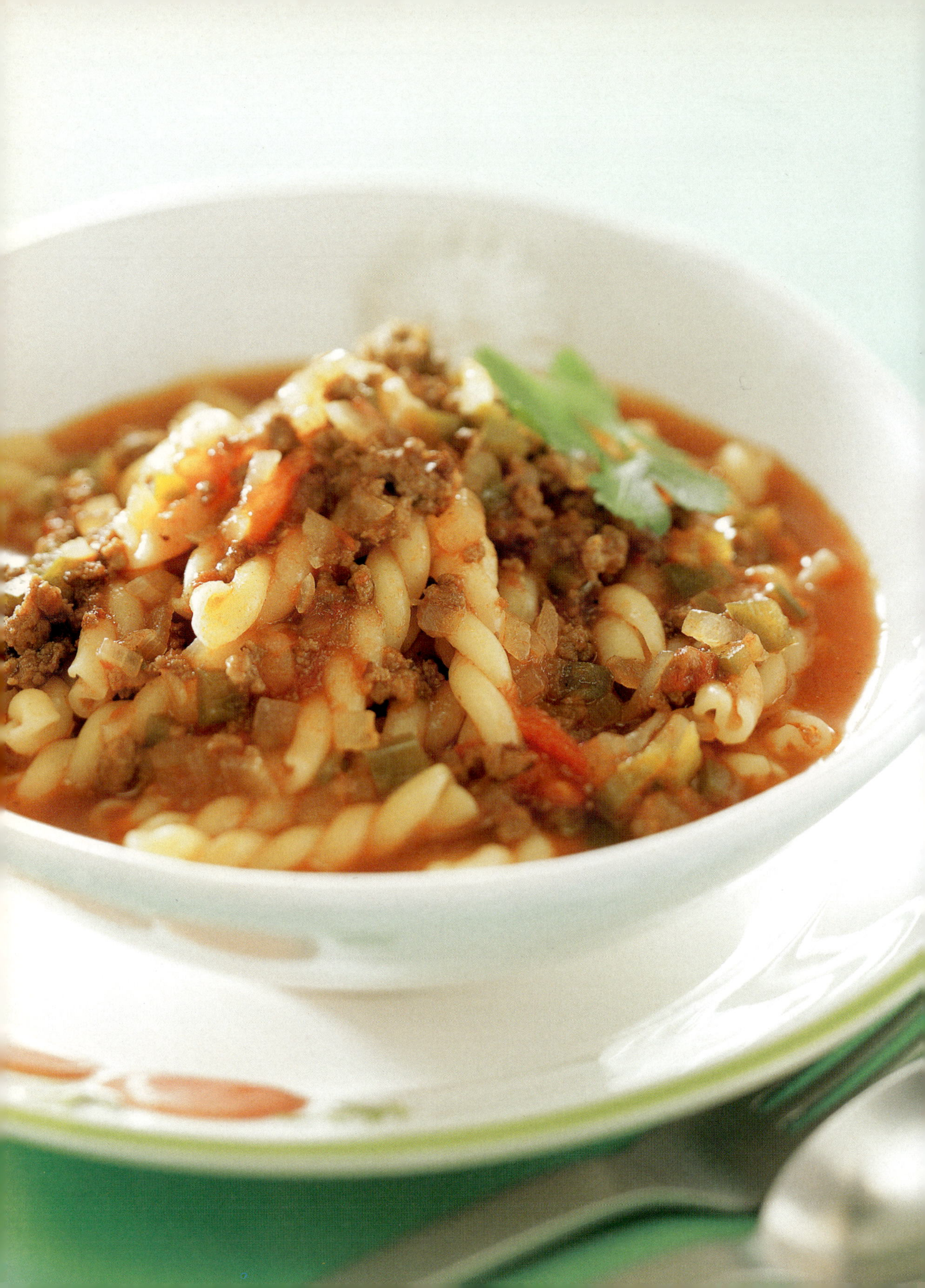

スープでごはん！　ひき肉トマトスープパスタ

スープがからみやすいマカロニで

ひき肉トマトスープパスタ

■ 534 kcal

材料 (1人分)

- 合いびき肉 ———— 80g
- にんにく ———— 1/2かけ
- 玉ねぎ ———— 1/4個
- ピーマン ———— 1個
- トマト ———— 1/2個
- ケチャップ ———— 大さじ1
- オリーブ油 ———— 大さじ1/2
- ブイヨン ———— 1 1/2カップ
- マカロニ ———— 60g
- 塩、こしょう ———— 各少々
- イタリアンパセリ ———— 少々

作り方

1 にんにく、玉ねぎ、ピーマンはみじん切りに、トマトはざく切りにする。
2 フライパンを熱し、オリーブ油でにんにくと合いびき肉を炒める。肉汁がなくなるくらいまでよく炒めたら玉ねぎを加えて透き通るくらいまで炒める。さらにピーマンも加えて炒めたらトマト、ブイヨンを加える。
3 沸騰したらあくを取ってケチャップを加え、中火にして10分ほど煮込む。
4 その間に塩（分量外）を加えた熱湯でマカロニをゆでておく。
5 3に硬めにゆでた4を加え、塩、こしょうで味をととのえ器に盛り、イタリアンパセリを飾る。

スープに合う　マカロニいろいろ

マカロニは、いろいろな形があって見た目も楽しめます。写真は左上がエリーケ、右上がファルファーレ、中央がオレキエッテ、左下がカバタッピ、右下がペンネ。

healthy point

パスタは食後、エネルギーに素早く変わる食品です。休日に、これからジムでトレーニング、なんていうとき、このパスタがおすすめ。野菜もたっぷりだからビタミン、ミネラルが豊富にとれます。

ベトナムの定番、スープ麺

ぶつ切り鶏とビーフン煮

425 kcal

材料 (1人分)

鶏肉(骨付きぶつ切り) ── 120g
しょうがの皮（あれば）── 少々
白菜 ── 2枚
ビーフン(ベトナムの幅広タイプ)
── 60g
鶏ガラスープ ── 2 1/2カップ
塩 ── 小さじ1/4
こしょう ── 少々
ニョクマム(またはナンプラー)
── 少々
香菜 ── 少々

作り方

1 鍋に鶏ガラスープ、鶏肉、しょうがの皮、香菜の根を入れて火にかける。
2 沸騰したらあくを取ってふたをし、中火で10分ほど煮る。
3 白菜は7mm幅の棒状に切る。ビーフンは水につけて戻す。
4 2の鍋に白菜を加え、塩とこしょうで味をつける。
5 しょうがの皮と香菜の根を取り出し、戻しておいたビーフンを加える。スープを吸ってビーフンがやわらかくなったら器に盛り、香菜を散らし、好みでニョクマムをかけていただく。

ヘルシーなビーフンが女性に人気！

お米からできたビーフンは、アジアでは欠かせない麺。左の幅広タイプは主にベトナムやタイで食べられるもの。右は中国で食べられている細いタイプ。

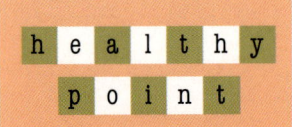

healthy point

骨付き鶏肉は、骨と肉の間にあるコラーゲンがたっぷり。お肌のハリと関係の深い成分ですね。鶏肉入りビーフンは、カロリーが低く、美容におすすめのスープです。

スープでごはん！　ぶつ切り鶏とビーフン煮

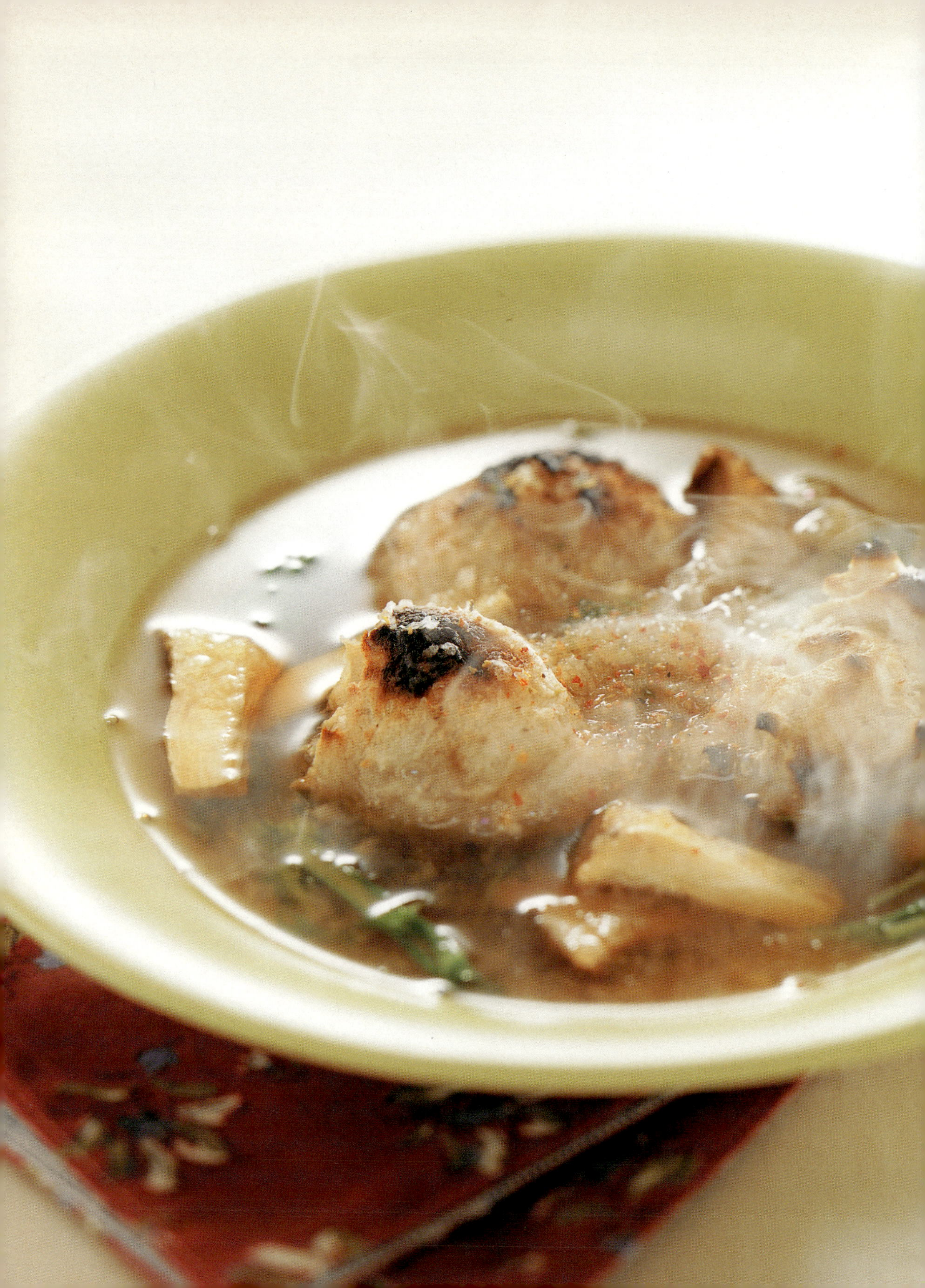

スープでごはん！ そばがきのみぞれ汁

香ばしい風味が魅力

そばがきの みぞれ汁

253 kcal

材料 （1人分）

そばがき
- そば粉 ———— 50g
- 水 ———— 130ml
- 塩 ———— 1つまみ

エリンギ ———— 1本
大根 ———— 3cm
水菜 ———— 1/2株
だし汁 ———— 1 1/2カップ
しょうゆ ———— 大さじ1弱
みりん ———— 小さじ1
塩 ———— 少々
七味 ———— 少々

作り方

1 そばがきを作る。そば粉、水、塩を鍋に入れて木べらで混ぜながら火にかける。

2 底から固まってくるので焦げつかないようによく混ぜ、粉っぽさがなくなるまで火を通す。

3 ぬらしたスプーンで3cmくらいに丸め、エリンギとともに焼き網かトースターでキツネ色に焼く。

4 大根はおろし、水菜は4cm長さに切る。焼いたエリンギは一口大に裂く。

5 鍋にだし汁を沸かし、しょうゆ、みりん、塩で味をつけ、水菜、大根おろしを加える。

6 器にそばがきとエリンギを入れ、5を注ぎ、好みで七味をふる。

そばがきの作り方

1 鍋にそば粉、水、塩を入れて混ぜながら火にかける。

2 焦がさないように、全体を手早く混ぜる。

3 粉っぽさがなくなり、全体にねばりが出たらでき上がり。

healthy point

そばには毛細血管を丈夫にし、高血圧を予防するルチンという成分が豊富に含まれています。生活習慣病の予防に、ときにはそばがきにして召し上がれ。

日本そばをカリッと揚げて

揚げそばの五目あんかけ

492 kcal

材料 (1人分)

ゆでそば	1/2玉
揚げ油	適量
エビ	2尾
豚肉切り落とし	50g
生しいたけ	1個
ゆでたけのこ	1/4個
チンゲン菜	2枚
だし汁	1 1/2カップ
酒	大さじ1/2
塩、こしょう	各少々
しょうゆ	小さじ1/2
ごま油	小さじ1
片栗粉	小さじ1強
絹さや	2枚

作り方

1 エビは殻と背わたを取り、豚肉とともに塩、こしょう少々で下味をつける。生しいたけはスライスし、たけのこ、チンゲン菜は一口大に切る。

2 そばは半分に分けて丸め、170℃くらいに熱した油で、キツネ色に色づくまで揚げる。

3 フライパンにごま油を熱し、豚肉を炒め、色が変わったらエビを加える。生しいたけ、たけのこ、チンゲン菜の順に入れてだし汁と酒を加える。

4 沸騰したらあくを取り、塩、こしょう、しょうゆで味をつけ、半分に切った絹さやを加えて水溶き片栗粉でとろみをつける。

5 器にそばを盛り、4のあんをたっぷりかける。

※そばは、ゆでて残ったものでも十分です。

healthy point

そばには、コレステロールを排泄する働きの食物繊維、そして毛細血管を丈夫にするルチン、さらには体脂肪の蓄積を抑制するといわれているそばたんぱくが含まれています。生活習慣病予防の力強い味方です。

スープでごはん！ 揚げそばの五目あんかけ
ラビオリ風ワンタンスープ

healthy point

チーズは消化されやすいたんぱく質が豊富です。さらにカルシウムも豊富に含まれ、たんぱく質と結合しているため、吸収されやすいのが特徴。育ち盛りのお子さん、また女性の骨粗しょう症の予防にもおすすめです。

材料（1人分）

- ワンタンの皮 ―――― 4枚
- クリームチーズ ―――― 30g
- パセリのみじん切り ― 小さじ1
- おろしにんにく ―― ほんの少々
- 塩 ――――――――― 少々
- にんじん、セロリ、しめじ、玉ねぎ ――――――― 各適量
- ブイヨン ――――― 1 1/2カップ
- 塩、こしょう ――――― 少々

作り方

1. クリームチーズにパセリとにんにく、塩を混ぜ、ワンタンの皮で包む。
2. にんじんとセロリ、玉ねぎはせん切りに、しめじは石づきを取って小房に分ける。
3. 鍋にブイヨンを沸かし、ワンタン、にんじん、セロリ、玉ねぎ、しめじを加える。
4. 1分ほど煮たら塩、こしょうで味をととのえ、器に盛る。

あっさりスープとコクのあるチーズが美味

ラビオリ風ワンタンスープ

207 kcal

healthy point

玄米はビタミンB群、Eをはじめ、リン、鉄、カルシウムなど、ビタミン、ミネラルが豊富。からだの調子をととのえるのに欠かせない栄養素がたっぷり詰まっています。

材料 （1人分）

玄米もち	2個
小松菜	1株
とろろ昆布	2つまみ
だし汁	1 1/2カップ
味噌	大さじ1弱

作り方

1 玄米もちはキツネ色に焼いておく。小松菜は4cm長さに切る。
2 鍋にだし汁を沸かし、小松菜を入れて味噌を溶く。
3 器に玄米もちととろろ昆布を入れて2を注ぐ。
※ 玄米もちがない場合は、ふつうのもちで代用してください。

玄米の香ばしい香りが食欲を誘います

玄米もちととろろ昆布の味噌雑煮

236 kcal

スープでごはん！
カニと生のりのあんかけごはんスープ

生のりの風味が決めてのサラッと雑炊

カニと生のりのあんかけごはんスープ

301 kcal

材料 （1人分）

カニ足	2本分
三つ葉	2本
なめこ	30ｇ
生のり	大さじ2
だし汁	1カップ
薄口しょうゆ	小さじ1
酒	小さじ1/2
塩	少々
片栗粉	小さじ1
ごはん	1膳分

作り方

1. カニは身をほぐし、三つ葉は1cm幅に切る。
2. 鍋にだし汁を沸かし、薄口しょうゆ、酒、塩で味をつける。
3. カニ、なめこ、生のりを加えて水溶き片栗粉でとろみをつける。
4. 器に盛ったごはんに3をかけ、三つ葉を散らす。

healthy point

カニは低カロリーで高たんぱく。生活習慣病予防の食事や、ダイエットにもおすすめの食材です。また、ダイエットによる偏食で陥りがちな亜鉛不足を補ってもくれます。

朝のクイックスープ

+ + + + + + + + + + +

毎日の元気のヒケツは、朝にきちんと栄養をとること。クィックスープなら、手軽にできて栄養もたっぷり。バランスのよい食生活から健康になりましょう！

材料 (2人分)

クリームコーン缶(小)	1缶(190ｇ)
にんじん	1/2本
ベーコン	1枚
ブイヨン	1/2カップ
牛乳	1カップ
塩、こしょう	各少々

作り方

1 鍋にクリームコーン、おろしたにんじん、刻んだベーコン、ブイヨンを入れて火にかける。
2 沸騰したら牛乳を加えて塩、こしょうで味をととのえ、器に盛る。

healthy point

とうもろこしには糖質が豊富に含まれています。糖質は、脂質に比べてエネルギーへの変換が早いのがポイント。朝に素早くエネルギーに変わる糖質をとるのは、とても理想的。にんじん、牛乳でさらにビタミン、ミネラルをプラス。

朝の定番ににんじんをプラス

クリームコーンとにんじんのスープ

217 kcal

スープでごはん！ クリームコーンとにんじんのスープ / かぼちゃと落とし卵のスープ

かぼちゃと卵の甘みが朝のおなかにホッとしみこむ

かぼちゃと落とし卵のスープ

137 kcal

材料（2人分）
- かぼちゃ ――――― 100g
- 玉ねぎ ――――― 1/4個
- 卵 ――――― 2個
- だし汁 ――――― 3カップ
- 塩、こしょう ――― 各少々

作り方
1 かぼちゃは皮をところどころむいて7mm厚さの一口大に切り、玉ねぎはスライスする。
2 鍋にだし汁、かぼちゃ、玉ねぎを入れて火にかける。
3 5〜6分煮てかぼちゃに火が通ったら塩、こしょうで味をととのえ、卵を落として弱火にし、1〜2分加熱する。

healthy point
卵はほとんどの栄養素を含む優秀な食品。卵にはないビタミンCと食物繊維をかぼちゃと玉ねぎで補った栄養バランス満点のスープです。和風だけどこんなカップに入れるととてもおしゃれです。

風味バツグン、あっさりスープ
シジミとわかめ、しいたけのスープ

35 kcal

材料 (2人分)
シジミ —— 200g
生しいたけ —— 2個
乾燥わかめ —— 2つまみ
ブイヨン —— 3カップ
塩、こしょう —— 各少々

作り方
1 シジミは砂出しをして殻をこするようにして汚れを落とし、石づきを取って裂いたしいたけ、ブイヨンとともに火にかける。
2 シジミの口が開いたらあくを取り、乾燥わかめを加え、塩、こしょうで味をととのえ、器に盛る。

healthy point

シジミは、昔から肝臓によいといわれる食材。肝機能を高めるアミノ酸であるメチオニン、タウリンが多く含まれているのがその理由。また、鉄や銅も含まれているので貧血の予防にも効果的です。

スープでごはん！ シジミとわかめ、しいたけのスープ
クレソンとアサリの味噌汁、しょうが風味

healthy point

アサリには吸収のよい鉄分であるヘム鉄が豊富に含まれているので、貧血が気になる人にはぜひおすすめしたい食材。朝に鉄分をしっかり補給して、1日を元気よくスタートさせましょう！

材料（2人分）

アサリ	200g
クレソン	1/2束
味噌	小さじ1
だし汁	3カップ
おろししょうが	1かけ分

作り方

1 アサリは砂出しして、殻をこすり合わせて汚れを取る。クレソンは葉をつまんで茎は刻む。
2 鍋にアサリとだし汁を入れて火にかけ、沸騰してアサリの口が開いたらあくを取って味噌を加える。
3 火を止めておろししょうがとクレソンを加え、器に盛る。

しょうがとクレソンがさわやか

クレソンとアサリの味噌汁、しょうが風味

26 kcal

healthy point

おくらのねばねばの成分、ムチンはたんぱく質の消化吸収をよくする働きがあります。肉料理などにはおくらのスープを合わせると、消化吸収がよくなりますよ。

ごま油の風味がアクセント
おくらとなすのスープ

142 kcal

材料（2人分）

なす	2本
おくら	4本
油揚げ	1枚
ブイヨン	3カップ
塩、こしょう	各少々
ごま油	小さじ1

作り方

1 なすは一口大に、おくらは表面に塩をつけてこすり、ガクをむき、半分に切る。油揚げは三角に切る。
2 鍋にごま油を入れてなす、おくらを炒め、ブイヨンを注いで油揚げも加える。
3 野菜に火が通ったら塩、こしょうで味をととのえ器に盛る。

スープでごはん！ おくらとなすのスープ／カニかまと寒天入りわかめスープ／もちチーズコンソメ

インスタントスープをアレンジ

+ + + + + + + + + + + +

時間のない朝、カップスープや缶スープはやっぱり便利。プラスアルファで、さらにおいしくアレンジしましょう。

具をプラスしてボリュームアップ
カニかまと寒天入りわかめスープ

材料（1人分）

インスタントわかめスープの素 ——— 1人分
カニ風味かまぼこ ——— 2本
糸寒天 ——— 1つまみ
貝割れ菜 ——— 少々
熱湯 ——— 適量

作り方

1 器にほぐしたカニ風味かまぼこ、糸寒天、根を切った貝割れ菜、スープの素を入れ、分量の熱湯を注ぐだけ。

小腹がすいたときにもおすすめ
もちチーズコンソメ

材料（1人分）

インスタントコンソメスープの素 ——— 1人分
トマトの輪切り ——— 1cm（1枚）
もち ——— 1個
スライスチーズ ——— 1枚
熱湯 ——— 適量
ドライパセリ ——— 少々

作り方

1 耐熱用の器にトマトの輪切り、半分に切ったもち、スライスチーズを重ね、ラップをせずに電子レンジ(500W)で約50秒〜1分加熱する。
2 もちがやわらかくなったらスープの素を入れて分量の熱湯を注ぎ、パセリを散らす。

ウインナーが味のアクセント
ホワイトアスパラコーンスープ

材料（2人分）

ホワイトアスパラ（缶詰）
　────── 6本
ウインナー・ソーセージ── 4本
コーンスープ缶 ───── 1缶
牛乳 ────── スープと同量

作り方

1 ホワイトアスパラは4等分、ウインナー・ソーセージは斜め半分に切る。
2 鍋に1とコーンスープ、牛乳を加えて中火で混ぜながら温める。
3 温まったら器に盛りつける。

冷凍食品で具だくさんスープに変身
シーフードトマトスープ

材料（2人分）

冷凍シーフードミックス── 100g
トマトスープ缶 ─────── 1缶
水 －1/2缶（トマトスープ缶で）
牛乳－1/2缶（トマトスープ缶で）
ドライハーブ(バジルやオレガノ
など) ─────── 1つまみ

作り方

1 シーフードミックスはさっと水で流して表面の氷を取り除く。
2 鍋にトマトスープ、水を入れて火にかけ、シーフードミックスを加える。
3 沸騰したら火を弱め、シーフードに火が通ったら牛乳を加え、仕上げにドライハーブをふる。

COLUMN 5

朝のスープは
1日の元気の素!

冬の朝、寒さでこわばった体をやさしくほぐし、
1日の始まりのエネルギーを補給するならスープがおすすめです。
この冬はモーニングスープを習慣にしてみませんか?

◆ 消化吸収のよい
◆ ポタージュスープ

中国の朝食では朝粥がよく食べられるように、消化のよいものが朝にはおすすめ。その点、ポタージュスープならミキサーで野菜をしっかり攪拌（かくはん）しているので申し分なし。消化もよく、食べやすいので、忙しい朝にもぴったりです。しかもミキサーなら繊維質も残すので、便秘の解消にも役立ちます。

◆ 熱々スープで血行促進

起きぬけの体はなかなかエンジンがかかりにくいもの。しかも寒い冬、ベッドのぬくもりを離れた体は寒さでこわばってしまいます。そんなときには熱々スープ! 温かなスープが血行を促進して1日のスタートをきる元気を生み出してくれます。エネルギーに変わりやすい糖質をたっぷり含んでいればさらにおすすめ。マカロニ入りのミネストローネなどがぴったりです。

◆ 朝のスープで
◆ 脳のエネルギーを補給

脳の働きを助ける唯一の栄養成分はブドウ糖です。ブドウ糖は糖質の仲間。つまり、ごはんやパン、めん類、さらに果物などに含まれる糖質が脳のエネルギーとなるのです。朝食を抜いてしまう習慣が長く続くと脳に大事なエネルギーが不足して、なんとなくぼーっとしてしまったり、体がだるいなど、さまざまな症状が出てきます。朝食を食べる時間がないなら、食べやすいスープ1杯でも食べることが大事。育ち盛りの子どもならなおさらです。糖質のものを多く入れた朝のスープを作ってみてはいかがでしょう。

気になる症状別スープ

+ + + + + + + + + +

素材の栄養をまるごととれるスープは、健康のためにはもってこいのメニューです。具だくさんスープなら多くの栄養をとることができますが、ちょっと体調の具合が気になるときは、栄養を考えたこんなスープで効率よく、しかもおいしく健康管理をしませんか。

ダイエット中の栄養補給に
豚肉とにらのスープ

■ 236 kcal

材料（2人分）

豚肉（切り落とし）………150g
にら………………………1/2束
たけのこ………………小1/2個
チンゲン菜………………1/2株
鶏ガラスープ……………3カップ
塩、こしょう……………各少々
ごま油……………………小さじ1
ラー油……………………少々

作り方

1 たけのこは薄切りに、チンゲン菜、にらは一口大に切る。
2 鍋にごま油を熱し、豚肉を炒める。肉の色が変わったら鶏ガラスープを加え、たけのこを加える。
3 沸騰したらあくを取り、塩、こしょうで味をととのえ、にら、チンゲン菜を加え、色が鮮やかに変わったら、火を止めて器に盛り、好みでラー油をかける。

healthy point

豚肉は、体内で作ることのできない必須アミノ酸のバランスが非常によい食品。ダイエットで栄養が偏りがちなときに、しっかりとたんぱく質を補給。また、ビタミンB₁も豊富なので、ごはんなどの糖質をエネルギーへと効率よく変換してくれます。

スープでごはん！　豚肉とにらのスープ

healthy point

鶏の手羽先にはコラーゲンがたっぷり。コラーゲンは肌のハリを保ってくれる成分。また、かぼちゃはビタミンCとカロテンがたっぷり。皮膚や粘膜を丈夫にし、健やかな肌づくりを応援します。

肌あれが気になったら

手羽先とかぼちゃのスープ

190 kcal

材料（2人分）

鶏手羽先	4本
かぼちゃ	100g
長ねぎ	1/2本
しょうがのせん切り	2枚
鶏ガラスープ	4カップ
塩、こしょう	少々

作り方

1 かぼちゃは1.5cmの角切りにする。手羽先は関節で切り落とし、しょうが、鶏ガラスープとともに鍋に入れて火にかける。
2 沸騰したらあくを取り、弱火にしてかぼちゃを加え、手羽先がやわらかくなるまで煮込む。
3 ぶつ切りにした長ねぎを加え、塩、こしょうで味をととのえて器に盛る。

スープでごはん！ 手羽先とかぼちゃのスープ／大根と絹さやの豆乳スープ

肌あれが気になったら

大根と絹さやの豆乳スープ

91 kcal

材料 (2人分)

大根	5cm
絹さや	10枚
しめじ	1/2パック
だし汁	1 1/2カップ
豆乳	1 1/2カップ
塩	少々

作り方

1 大根と絹さやはせん切りにする。しめじは石づきを取って小房に分ける

2 大根をだし汁とともに鍋に入れ、火にかける。沸騰して2～3分してまだ少し大根に歯ごたえが残るくらい煮たら、しめじと豆乳を加える。

3 塩で味をととのえ、絹さやを加えて火を止め、器に盛る。

healthy point

豆乳には美容ビタミンといわれるビタミンB_1、B_2、B_6、ビタミンE、そして大豆サポニンが含まれています。ビタミンB群は吹き出物などを予防し、ビタミンEと大豆サポニンは抗酸化作用で若々しい肌を保ちます。

頭の回転をよくする

サバと春菊のスープ

188 kcal

材料 (2人分)

サバ	半身
万能ねぎ	3本
なめこ	50g
春菊	1/4束
だし汁	3カップ
酒	大さじ2
薄口しょうゆ	大さじ1/2
塩	少々

作り方

1 サバはそぎ切りにしてざるに上げ、塩少々をふって5～10分置き、水気をふき取る。
2 鍋にだし汁を沸かし、酒、なめこ、サバを加える。
3 あくを取って薄口しょうゆで味をととのえ、ざく切りにした春菊を加えて器に盛り、小口切りにした万能ねぎを散らす。

healthy point

サバには魚特有の脂肪分であるEPAとDHAが豊富に含まれています。このDHAが実は脳の神経細胞に働きかけるといわれており、情報伝達がスムーズになるというのです。

スープでごはん！　サバと春菊のスープ　大豆と里芋、昆布のスープ

材料（2人分）

大豆水煮	100g
里芋	2個
早煮昆布	20cm
干ししいたけ	2個
小松菜	2株
だし汁	3カップ
塩	少々

作り方

1 干ししいたけは水で戻し、石づきを取って一口大に切る。昆布はだし汁に5分ほどつけて、10cm長さ×4cm幅に切り、中央に結びめを作る。里芋は皮をむいて半月切りにする。

2 鍋にだし汁、しいたけ、昆布、大豆を入れて火にかける。

3 15分ほど煮て材料がやわらかくなったら、里芋を加える。

4 里芋がやわらかくなったら3cm長さに切った小松菜を加え、塩で味をととのえ、器に盛る。

healthy point

日本人になじみ深い大豆は健康優良食品。豊富なたんぱく質はもちろん、抗酸化作用のあるビタミンE、リノール酸が含まれ、さらに動脈硬化や高血圧、心臓病の予防が期待できる大豆サポニン、そして脳の老化を防止するレシチンも含まれています！

アンチ・エイジングに
大豆と里芋、昆布のスープ

152 kcal

healthy point

豚肉に含まれるビタミンB_1は、糖質がエネルギーに変わるのを助ける働きがあり、疲労回復に効果的といわれています。疲れがたまったなと思ったら豚肉パワーで元気回復！

疲れがたまったときに

ごぼうと豚肉、きのこのスープ

178 kcal

材料 (2人分)

豚もも肉（薄切り）	160g
ごぼう	1/2本
エリンギ	2本
せり	1/2束
だし汁	3カップ
酒	大さじ1
ごま油	小さじ1
塩、こしょう、しょうゆ	各少々

作り方

1 豚肉は一口大に切り、ごぼうはささがきにして水につけ、あくを抜く。エリンギは食べやすく切る。

2 鍋にごま油を熱し、水気を切ったごぼうを炒め、だし汁を加える。沸騰したら酒、塩、こしょうを加え、エリンギと豚肉を加える。

3 あくを取ってしょうゆ少々を加えて味をととのえ、ざく切りにしたせりを加えて火を止め、器に盛る。

COLUMN 6

野菜たっぷりスープで生活習慣病を予防しましょう

食習慣の変化によって、高血圧や動脈硬化などの生活習慣病が注目されるようになりました。脂っこい食べ物を多くとることによってコレステロール値が高くなったり、大腸がんが増えていたり、塩辛い味つけで血圧が高くなりがちになるなど、おいしいものは、生活習慣病のきっかけも含んでいるのが、やっかいなところ。でも、大丈夫。野菜たっぷりスープでおいしい健康習慣を始めましょう。

◆ 食物繊維をたっぷりとって便秘を予防

肉を中心とした欧米型の食事をする人が増えるのと同様に、大腸がんにかかる人も増えています。大腸がんを予防するためにもまずは、便秘を予防することが大切。それには食物繊維の多い野菜をたっぷりとることがおすすめです。スープなら、食物繊維たっぷりの野菜でもやわらかく煮込んで食べやすくなり、量も多く食べられます。

◆ 食物繊維でコレステロール値を下げましょう

食物繊維の効果は便秘解消だけではありません。食物繊維が体内で食べ物に含まれるコレステロールを吸着し、体外に排出してくれる効果もあるのです。食べ物が腸を通っていくとき、食物繊維が胆汁に含まれるコレステロールを吸着してくれるため、大豆などの豆類をはじめとして、たけのこ、ごぼう、とうもろこし、ほうれん草、かぼちゃ、さつま芋など、食物繊維豊富な野菜たっぷりのスープをぜひ、どうぞ。

◆ ビタミン、ミネラルで高血圧や動脈硬化を予防

野菜といえばビタミンとミネラル。ビタミンA、C、Eは、細胞の酸化を防いで動脈硬化を予防してくれます。また、きゅうりや冬瓜などに多く含まれるカリウムは、利尿作用があるため、とりすぎた塩分を体外に排出してくれる作用があります。塩分のとりすぎは高血圧の原因のひとつといわれていますから、カリウムの多い野菜を食べれば高血圧の予防にもなります。

COLUMN 7

スープは
ダイエットの味方!

ダイエット中の食事は、とにかく低カロリーメニューにすることが大事。
ということで、量が少なくなるのはもちろん、栄養も偏りがち。
そこでスープの出番です！
スープがダイエットにおすすめの理由をお教えします。

1 油控えめ調理ができる

スープは素材をそのまま煮込んで食べられるので、油を使う量が自然と減ります。もちろん、脂たっぷりの肉を使えばそれなりに高カロリーになるので、肉を入れる場合は、脂の少ない部位を選んでくださいね。

2 素材の栄養をまるごととれる

食事の量を減らしたり、低カロリー食材ばかりを食べていると、いつのまにか栄養が偏ってしまいます。そんなときスープなら、1のように油控えめの調理ができるので低カロリー食材ばかりでなくても大丈夫。具だくさんスープにすれば、素材の栄養がスープに溶け込んで、しっかりと栄養をとることができます。

3 低カロリーでもおなかは満足

スープは、低カロリーでも汁ごと食べるので充分食べごたえがあります。ごはんの量を半分にして、スープをメインにしたメニューが、ダイエットにおすすめです。

素材別さくいん

野菜

●おくら
ヒヨコ豆と大きな肉団子のスープ……49
とろろ冷やし味噌汁……………………70
おくらとなすのスープ………………112

●貝割れ菜
せん切り長芋とささみのスープ………47

●かぶ
ポトフ……………………………………8

●かぼちゃ
黄色い野菜たっぷりスープ……………22
かぼちゃと落とし卵のスープ………109
手羽先とかぼちゃのスープ…………118

●カリフラワー
ホタテとカリフラワーのスープ………18
白い野菜のスープ………………………23

●絹さや
緑の野菜たっぷりスープ………………20
酸辛湯…………………………………36
やま芋のふわ団子スープ………………68
れんこんと絹さやの
　　しゃきしゃきスープ………………75
大根と絹さやの豆乳スープ…………119

●きゃべつ
ボルシチ…………………………………10
きゃべつと鶏団子のスープ……………74
ロールキャベツ…………………………82

●きゅうり
冷たいトマトスープ……………………28
ししまなすとひき肉のピリ辛スープ…39

●ぎんなん
のっぺい汁……………………………64

●グリーンアスパラ
緑の野菜たっぷりスープ………………20

●クレソン
クレソンとアサリの味噌汁、
　　しょうが風味……………………111

●ごぼう
イワシのつみれ汁………………………58
豚汁………………………………………60
けんちん汁………………………………63
ごぼうと豆乳のポタージュ……………71
ごぼうと豚肉、きのこのスープ……122

●小松菜
緑の野菜たっぷりスープ………………20
ユッケジャン……………………………32
玄米もちととろろ昆布の味噌雑煮…106
大豆と里芋、昆布のスープ…………121

●さつま芋
豚汁………………………………………60

●里芋
のっぺい汁……………………………64
大豆と里芋、昆布のスープ…………121

●じゃが芋
ポトフ……………………………………8
クラムチャウダー………………………12
ミネストローネ…………………………16
白い野菜のスープ………………………23

ヴィシソワーズ…………………………29
スープカレー……………………………48
鮭の粕汁…………………………………62
ロールビーフのブラウンシチュー……84
鶏肉の赤ワイン煮………………………88
スペアリブのシュークルート…………92

●香菜
トムヤムクン……………………………34

●春菊
サバと春菊のスープ……………………20

●ズッキーニ
ミネストローネ…………………………16
スープカレー……………………………48
夏野菜の煮込みスープ…………………90

●スナップえんどう
ホタテとカリフラワーのスープ………18

●せり
イワシのつみれ汁………………………58
ごぼうと豚肉、きのこのスープ……122

●セロリ
ポトフ……………………………………8
ミネストローネ…………………………16
ラムと野菜のトマトシチュー…………25
冷たいトマトスープ……………………28
セロリと豚肉のスープ…………………76
鶏肉の赤ワイン煮………………………88

●大根
ユッケジャン……………………………32
砂肝スープ………………………………41
豆もやしとザー菜のスープ……………43
豚汁………………………………………60
鮭の粕汁…………………………………62
けんちん汁………………………………63
そばがきのみぞれ汁…………………102
大根と絹さやの豆乳スープ…………119

●たけのこ
酸辛湯…………………………………36
たけのことハマグリのお吸い物………72
揚げそばの五目あんかけ……………104
豚肉とにらのスープ…………………116

●玉ねぎ
ポトフ……………………………………8
ボルシチ…………………………………10
クラムチャウダー………………………12
グーラッシュ……………………………14
豚肉と白いんげんのスープ……………15
ミネストローネ…………………………16
オニオングラタンスープ………………17
キドニービーンズと野菜のスープ……19
赤い野菜のスープ………………………21
黄色い野菜たっぷりスープ……………22
白い野菜のスープ………………………23
チキンときのこのクリームスープ……24
ラムと野菜のトマトシチュー…………25
エビのビスク……………………………26
コーンポタージュ………………………27
ヴィシソワーズ…………………………29
ユッケジャン……………………………32
エビのココナッツスープ………………44

韓国風水餃子……………………………46
スープカレー……………………………48
ヒヨコ豆と大きな肉団子のスープ……49
ブロッコリーと油揚げのごま風味……67
ごぼうと豆乳のポタージュ……………71
ロールキャベツ…………………………82
ロールビーフのブラウンシチュー……84
ビーフストロガノフ……………………86
鶏肉の赤ワイン煮………………………88
夏野菜の煮込みスープ…………………90
ミックス豆とチョリソーの煮込み……93
ひき肉トマトスープパスタ……………99
かぼちゃと落とし卵のスープ………109

●チンゲン菜
れんこんの肉詰めスープ………………51
揚げそばの五目あんかけ……………104
豚肉とにらのスープ…………………116

●冬瓜
冬瓜と干し貝柱、鶏のスープ…………50
豆腐とエビのレンジ蒸しスープ………94

●トウミョウ
コーンスープ……………………………45

●とうもろこし
黄色い野菜たっぷりスープ……………22
コーンポタージュ………………………27

●トマト
ポトフ……………………………………8
ボルシチ…………………………………10
グーラッシュ……………………………14
ラムと野菜のトマトシチュー…………25
エビのビスク……………………………26
冷たいトマトスープ……………………28
トムヤムクン……………………………34
トマトとアサリ、もずくのスープ……42
スープカレー……………………………48
ヒヨコ豆と大きな肉団子のスープ……49
夏野菜の煮込みスープ…………………90
ミックス豆とチョリソーの煮込み……93
ひき肉トマトスープパスタ……………99
もちチーズコンソメ…………………113

●長芋・やま芋
せん切り長芋とささみのスープ………47
やま芋のふわ団子スープ………………68
とろろ冷やし味噌汁……………………70

●長ねぎ
ししまなすとひき肉のピリ辛スープ…39
韓国風豆腐スープ………………………40
トマトとアサリ、もずくのスープ……42
韓国風水餃子……………………………46
鶏と焼きねぎのスープ…………………52
イワシのつみれ汁………………………58
豚汁………………………………………60
鮭の粕汁…………………………………62
けんちん汁………………………………63
のっぺい汁……………………………64
手羽先とかぼちゃのスープ…………118

●なす
トムヤムクン……………………………34
ししまなすとひき肉のピリ辛スープ…39

焼きなすの赤だし…………………66
夏野菜の煮込みスープ……………90
おくらとなすのスープ……………112
●にら
きゃべつと鶏団子のスープ ………74
キムチスープうどん………………96
豚肉とにらのスープ ………………116
●にんじん
ポトフ…………………………………8
ボルシチ……………………………10
クラムチャウダー…………………12
ミネストローネ……………………16
キドニービーンズと野菜のスープ…19
赤い野菜のスープ…………………21
ラムと野菜のトマトシチュー……25
韓国風水餃子………………………46
スープカレー………………………48
豚汁…………………………………60
けんちん汁…………………………63
のっぺい汁…………………………64
ロールビーフのブラウンシチュー…84
鶏肉の赤ワイン煮…………………88
クリームコーンとにんじんのスープ…108
●白菜
チキンときのこのクリームスープ…24
鮭とアサリのスープ………………91
ぶつ切り鶏とビーフン煮…………100
●バジル
エビのココナッツスープ…………44
●パプリカ
赤い野菜のスープ…………………21
夏野菜の煮込みスープ……………90
●ビーツ
ボルシチ……………………………10
●ピーマン
ラムと野菜のトマトシチュー……25
ひき肉トマトスープパスタ………99
●ブロッコリー
緑の野菜たっぷりスープ…………20
ブロッコリーと油揚げのごま風味…67
●豆もやし
ユッケジャン………………………32
豆もやしとザー菜のスープ………43
●水菜
そばがきのみぞれ汁………………102
●三つ葉
タラときのこのスープ……………77
カニと生のりのあんかけごはんスープ…107
●みょうが
焼きなすの赤だし…………………66
●モロヘイヤ
納豆とモロヘイヤのねばねばスープ…65
●ヤングコーン
スープカレー………………………48
●れんこん
れんこんの肉詰めスープ…………51
のっぺい汁…………………………64
れんこんと絹さやの
　　しゃきしゃきスープ…………75

野菜加工品
●こんにゃく
けんちん汁…………………………63
●ぜんまい水煮
ユッケジャン………………………32
●大豆水煮
大豆と里芋、昆布のスープ………121
●ドライトマト
赤い野菜のスープ…………………21
●干ししいたけ
酸辛湯………………………………36
冬瓜と干し貝柱、鶏のスープ……50
けんちん汁…………………………63
のっぺい汁…………………………64
大豆と里芋、昆布のスープ………121

豆類
●枝豆
くずし豆腐スープ…………………38
●キドニービーンズ
キドニービーンズと野菜のスープ…19
●グリーンピース
緑の野菜たっぷりスープ…………20
●白いんげん
豚肉と白いんげんのスープ………15
●ヒヨコ豆
ヒヨコ豆と大きな肉団子のスープ…49

きのこ類
●えのきだけ
くずし豆腐スープ…………………38
セロリと豚肉のスープ……………76
●エリンギ
そばがきのみぞれ汁………………102
ごぼうと豚肉、きのこのスープ…122
●きくらげ
れんこんの肉詰めスープ…………51
●しいたけ
チキンときのこのクリームスープ…24
韓国風水餃子………………………46
セロリと豚肉のスープ……………76
タラときのこのスープ……………77
揚げそばの五目あんかけ…………104
しじみとわかめ、しいたけのスープ…110
●しめじ
チキンときのこのクリームスープ…24
砂肝スープ…………………………41
イワシのつみれ汁…………………58
タラときのこのスープ……………77
●なめこ
せん切り長芋とささみのスープ…47
のっぺい汁…………………………64
カニと生のりのあんかけごはんスープ…107
サバと春菊のスープ………………120
●マッシュルーム
クラムチャウダー…………………12
白い野菜のスープ…………………23
ヴィシソワーズ……………………29
ビーフストロガノフ………………86
鶏肉の赤ワイン煮…………………88

海藻類
●昆布・とろろ昆布
玄米もちととろろ昆布の味噌雑煮…106
大豆と里芋、昆布のスープ………121
●生のり
豆腐とエビの生のり入りスープ…53
カニと生のりのあんかけごはんスープ…107
●めかぶ
めかぶと湯葉のお吸い物…………73
●もずく
トマトとアサリ、もずくのスープ…42
●わかめ
しじみとわかめ、しいたけのスープ…110

大豆製品
●厚揚げ
焼きなすの赤だし…………………66
●油揚げ
ブロッコリーと油揚げのごま風味…67
おくらとなすのスープ……………112
●豆乳
ごぼうと豆乳のポタージュ………71
大根と絹さやの豆乳スープ………119
●豆腐
くずし豆腐スープ…………………38
韓国風豆腐スープ…………………40
豆腐とエビの生のり入りスープ…53
けんちん汁…………………………63
豆腐とエビのレンジ蒸しスープ…94
●納豆
納豆とモロヘイヤのねばねばスープ…65
●湯葉
めかぶと湯葉のお吸い物…………73

肉類
●牛肉
ポトフ…………………………………8
ボルシチ……………………………10
グーラッシュ………………………14
赤い野菜のスープ…………………21
ユッケジャン………………………32
韓国風豆腐スープ…………………40
ヒヨコ豆と大きな肉団子のスープ…49
ロールキャベツ……………………82
ロールビーフのブラウンシチュー…84
ビーフストロガノフ………………86
キムチスープうどん………………96
ひき肉トマトスープパスタ………99
●豚肉
豚肉と白いんげんのスープ………15
赤い野菜のスープ…………………21
酸辛湯………………………………36
しましまなすとひき肉のピリ辛スープ…39
韓国風水餃子………………………46
ヒヨコ豆と大きな肉団子のスープ…49
豚汁…………………………………60
セロリと豚肉のスープ……………76
ロールキャベツ……………………82
スペアリブのシュークルート……92
ひき肉トマトスープパスタ………99

揚げそばの五目あんかけ……………104	しじみとわかめ、しいたけのスープ…110	●韓国もち（トック）
豚肉とにらのスープ………………116	●タラ	韓国風水餃子……………………46
ごぼうと豚肉、きのこのスープ……122	タラときのこのスープ………………77	●ごはん
●鶏肉	●ハマグリ	カニと生のりのあんかけごはんスープ…107
チキンときのこのクリームスープ……24	クラムチャウダー……………………12	●そば
砂肝スープ…………………………41	たけのことハマグリのお吸い物………72	揚げそばの五目あんかけ……………104
せん切り長芋とささみのスープ……47	●ホタテ	●パスタ
スープカレー………………………48	ホタテとカリフラワーのスープ………18	ミネストローネ……………………16
冬瓜と干し貝柱、鶏のスープ………50	●ムール貝	ひき肉トマトスープパスタ……………99
れんこんの肉詰めスープ……………51	ブイヤベース…………………………6	●パン
鶏と焼きねぎのスープ………………52	**魚加工品**	オニオングラタンスープ………………17
のっぺい汁…………………………64	●カニ風味かまぼこ	●もち
きゃべつと鶏団子のスープ…………74	カニかまと寒天入りわかめスープ…113	玄米もちととろろ昆布の味噌雑煮……106
れんこんと絹さやの	●スモークサーモン	もちチーズコンソメ…………………113
しゃきしゃきスープ………………75	ヴィシソワーズ………………………29	**缶詰**
鶏肉の赤ワイン煮……………………88	●干しエビ	●クリームコーン
ぶつ切り鶏とビーフン煮……………100	豆もやしとザー菜のスープ…………43	コーンスープ…………………………45
手羽先とかぼちゃのスープ…………118	●干し貝柱	クリームコーンとにんじんのスープ…108
●羊肉	冬瓜と干し貝柱、鶏のスープ………50	●ココナッツミルク
ラムと野菜のトマトシチュー…………25	●ちくわ	エビのココナッツスープ………………44
●ハム、ソーセージ、ベーコン	のっぺい汁…………………………64	●トマト缶、トマトピューレ
ミネストローネ……………………16	●はんぺん	ミネストローネ……………………16
緑の野菜たっぷりスープ……………20	めかぶと湯葉のお吸い物……………73	赤い野菜のスープ……………………21
くずし豆腐スープ……………………38	**冷凍食品**	エビのビスク…………………………26
ミックス豆とチョリソーの煮込み……93	●シーフードミックス	●トマトジュース
クリームコーンとにんじんのスープ…108	シーフードトマトスープ……………114	冷たいトマトスープ…………………28
ホワイトアスパラコーンスープ……114	**卵**	●フクロダケ
魚介類	ユッケジャン…………………………32	エビのココナッツスープ………………44
●アサリ	酸辛湯………………………………36	●ホワイトアスパラ
韓国風豆腐スープ……………………40	コーンスープ…………………………45	ホワイトアスパラコーンスープ……114
トマトとアサリ、もずくのスープ……42	ヒヨコ豆と大きな肉団子のスープ……49	●ミックス豆
鮭とアサリのスープ…………………91	豆腐とエビのレンジ蒸しスープ………94	ミックス豆とチョリソーの煮込み……93
クレソンとアサリの味噌汁、	かぼちゃと落とし卵のスープ………109	**乾物**
しょうが風味……………………111	**牛乳・乳製品**	●春雨
●アナゴ	●牛乳	ユッケジャン…………………………32
ブイヤベース…………………………6	クラムチャウダー……………………12	●ビーフン
●甘エビ	ホタテとカリフラワーのスープ………18	ぶつ切り鶏とビーフン煮……………100
エビのビスク…………………………26	コーンポタージュ……………………27	●寒天
●イサキ	ヴィシソワーズ………………………29	カニかまと寒天入りわかめスープ…113
ブイヤベース…………………………6	クリームコーンとにんじんのスープ…108	**漬物**
●イワシ	ホワイトアスパラコーンスープ……114	●ザー菜
イワシのつみれ汁……………………58	シーフードトマトスープ……………114	豆もやしとザー菜のスープ…………43
●エビ	●生クリーム	●キムチ
ブイヤベース…………………………6	クラムチャウダー……………………12	韓国風水餃子……………………46
トムヤムクン…………………………34	白い野菜のスープ……………………23	キムチスープうどん…………………96
エビのココナッツスープ………………44	チキンときのこのクリームスープ……24	●きゃべつの酢漬け
豆腐とエビの生のり入りスープ………53	エビのビスク…………………………26	スペアリブのシュークルート ………92
豆腐とエビのレンジ蒸しスープ………94	コーンポタージュ……………………27	**酒粕**
揚げそばの五目あんかけ……………104	ヴィシソワーズ………………………29	鮭の粕汁……………………………62
●カニ	●チーズ	**そば粉**
海鮮汁………………………………56	オニオングラタンスープ………………17	そばがきのみぞれ汁…………………102
カニと生のりのあんかけごはんスープ…107	ラビオリ風ワンタンスープ…………105	**ごはん・パン・めん類**
●金目鯛	もちチーズコンソメ…………………113	韓国風水餃子……………………46
海鮮汁………………………………56	**ごはん・パン・めん類**	ラビオリ風ワンタンスープ…………105
●鮭	●うどん	
鮭の粕汁……………………………62	キムチスープうどん…………………96	
鮭とアサリのスープ…………………91		
●サバ		
サバと春菊のスープ…………………120		
●シジミ		

料理
井上由香理（いのうえ　ゆかり）
1967年、北海道生まれ。管理栄養士。病院栄養士として勤務の後、フードコーディネーターとして独立。料理教室の講師をつとめるほか、テレビ番組、コマーシャル、雑誌などで活躍中。手軽でおしゃれなヘルシー料理には定評がある。著書に『食べているうちに血液サラサラ最強メニュー』（講談社）、『乳酸菌パワーダイエット』（講談社）、『おいしい健康フレッシュジュース』、『野菜コトコト　スープ！スープ！』『ひとり鍋＋ふたり鍋』『おいしい・楽しい　お弁当100箱』（いずれも成美堂出版）がある。

スタッフ
撮影	小林洋治
デザイン	大西文子（RITZ）
スタイリング	林　めぐみ（パケットコーポレーション）
企画	成美堂出版編集部
編集	小石幸子（アクア）

具だくさんの　あったかスープ

料　理	井上由香理
発行者	深見悦司
発行所	成美堂出版
	〒162-8445　東京都新宿区新小川町1-7
	電話(03)5206-8151　FAX(03)5206-8159
印　刷	大日本印刷株式会社

©SEIBIDO SHUPPAN 2006　PRINTED IN JAPAN
ISBN978-4-415-30011-5
落丁・乱丁などの不良本はお取り替えします
定価はカバーに表示してあります

・本書および本書の付属物は、著作権法上の保護を受けています。
・本書の一部あるいは全部を、無断で複写、複製、転載することは禁じられております。